海南疍家文化及旅游资源开发

管玉梅　著

北　京
冶 金 工 业 出 版 社
2020

内容提要

本书共分四篇十三章。通过对海南岛疍家人进行大面积的社会调查，全面深入了解他们的整体生存现状、生计延续、生活变迁、文化传承等情况。同时，梳理了海南疍家文化，评价其整体的旅游吸引力，通过走访海南岛的疍家文化旅游资源开发所属地，评价其旅游开发潜力，并在此基础上提出旅游开发建议。希望以此引起政府和社会对疍民民生的关注和重视，促进海南国际旅游岛建设中的疍家文化保护、传承与开发。

本书适合地方政府、旅游企业、科研机构的人员及高等院校相关领域的师生阅读。

图书在版编目(CIP)数据

海南疍家文化及旅游资源开发／管玉梅著．—北京：冶金工业出版社，2020.5

ISBN 978-7-5024-8472-9

Ⅰ.①海…　Ⅱ.①管…　Ⅲ.①渔民—文化史—研究—海南　②渔民—旅游文化—旅游资源开发—研究—海南
Ⅳ.①K296.6　②F592.766

中国版本图书馆 CIP 数据核字(2020)第 071836 号

出 版 人　陈玉千
地　　址　北京市东城区嵩祝院北巷 39 号　邮编　100009　电话　(010)64027926
网　　址　www.cnmip.com.cn　电子信箱　yjcbs@cnmip.com.cn
责任编辑　夏小雪　美术编辑　吕欣童　版式设计　禹　蕊
责任校对　郑　娟　责任印制　李玉山
ISBN 978-7-5024-8472-9
冶金工业出版社出版发行；各地新华书店经销；三河市双峰印刷装订有限公司印刷
2020 年 5 月第 1 版，2020 年 5 月第 1 次印刷
169mm×239mm；11.75 印张；191 千字；177 页
69.00 元
冶金工业出版社　投稿电话　(010)64027932　投稿信箱　tougao@cnmip.com.cn
冶金工业出版社营销中心　电话　(010)64044283　传真　(010)64027893
冶金工业出版社天猫旗舰店　yjgycbs.tmall.com

前　言

疍家人，作为以水为生的特殊族群，广布于东亚、东南亚地区，在日本、菲律宾、柬埔寨、泰国、印度尼西亚及越南都有大量的水上居民。在中国，疍家人主要分布在广东、广西、福建、海南等区域，它不是一个独立的民族，而是一个汉族民系。不同历史时期、不同地域，有“诞”“蜑”“蜑”“蛋”“疍”“连家船民”“船民”“船人”“水上居民”“水上人”等不同称谓。

海南岛是黎、汉、回、苗等多民族共生的陆岛，海上顽强生息着被誉为海洋游牧族群的疍家人。随着海洋渔业资源的枯竭，海水污染给养殖带来的困境，以及旅游开发中被边缘化等问题，海南疍民未来的生存前景并不明朗。随着疍家人上岸定居，船居传统逐渐消失，海南疍家传统文化开始萎缩和濒临绝境。

疍家人是作者近几年主要的研究对象，在长期的研究中，作者重点关注的问题有两个，一个是疍家人的生存及生计延续问题，另一个是疍家文化的传承问题，并试图建立这两者之间的协同发展关系。本书主要围绕着作者关注的两个重点问题展开论证和回答，全书共分四篇十三章。

第一篇，海南疍家人及其文化，共分三章来撰写。第一章主要对全书的研究背景、目的、内容、方法等进行叙述。第二章对海南疍家的发展历史、分布现状、身份认同、族群观念等进行系统阐述。第三章深入梳理海南疍家文化，介绍疍家文化旅游资源总体情况。

第二篇，海南疍家人的生活状况，共分三章来撰写。第四章从生计、收入、生活、消费四个方面来描述其客观生存现状。第五章从居住条件、经济水平、生活情况等维度来测量他们的主客观生活质量，并做差异对比分析。第六章从传统文化、习俗变化、幸福观的代际变化、文化融入和社会融入等方面阐述其生境变迁情况。

第三篇,旅游开发对海南疍家人的影响,共分三章来撰写。第七章运用“影响程度—变化趋势”矩阵,分析旅游开发给他们生活质量带来的变化,以及他们对变化的感知情况。第八章运用比较指数,把11处不同旅游开发程度的疍家人社区,分成完全开发地、半开发地和未开发地三类,对不同开发地的疍家人生活质量做比较研究,以揭示旅游开发程度对他们生活的影响差异。第九章,运用结构方程模型,构建疍家人的生活环境变化感知及态度的结构方程,用以发现哪些因素对疍民旅游发展态度有显著影响。

第四篇,海南疍家文化旅游资源的保护性开发,共分四章来撰写。第十章,对海南疍家文化旅游吸引力做综合评价,判断其总体开发价值和潜力。第十一章,从市场需求角度,研究游客的疍家文化旅游基本需求内容及偏好,为选择具体旅游开发项目做参考。第十二章,从资源供给角度,运用多层次灰色评价方法,对8处海南疍家文化资源所属地的开发潜力进行评价分析,为选择具体旅游开发地点做参考。第十三章,综合考虑疍家文化旅游资源特点、旅游地开发潜力和游客的市场需求偏好,科学规划各个疍家文化资源所属地的不同开发模式、开发内容,并提出了一系列综合开发建议。

在研究和写作过程中,作者得到了海南省教育厅2017年高等学校科学研究资助重点项目(Hnky2017ZD-18)和海南省哲学社会科学2016年规划课题一般项目(HNSK(YB)16-21)的资助,所以,本书也是这两个课题的研究成果之一。同时,作者查阅和参考了大量的文献资料,在此对文献作者表示深深的感谢。另外,感谢疍民社区居委会的工作人员和广大疍民朋友在疍民社会生活现状调查中的支持和帮助,感谢2013级市场营销专业同学在游客的疍家文化旅游偏好问卷调查中的付出,感谢在研究设计、问卷调查等环节给予宝贵意见和支持帮助的家人、同事和朋友。

本书通过对海南全岛疍民的基本生存生活情况及旅游开发影响进行了全面调查和深入分析，对海南全岛疍民集聚港湾的旅游开发潜力进行了定量评价，并基于此提出了开发模式选择和具体开发建议，力图为海南疍家文化旅游项目开发和规划提供一定的指导和借鉴，为旅游开发中兼顾海南疍民民生问题提供一定的参考依据。但是由于作者水平有限，书中难免有疏漏或者差错，恳请各位专家和读者批评指正。

作　者

2020 年 1 月

目　录

第一篇　海南疍家人及其文化

第二篇　海南疍家人的生活状况

第四篇 海南疍家文化旅游资源的保护性开发

第一篇

海南疍家人及其文化

第一章　绪　论

第一节　研究背景及目的

疍家人，作为一个以水为生的特殊族群，水就是衣食父母，千百年来的水上生产及生活，形成了鲜为陆上居民所知晓和理解的“水文化”。疍家人广布于东亚、东南亚地区，在日本、菲律宾、柬埔寨、泰国、印度尼西亚及越南都有大量的水上居民。在中国，疍家人主要分布在广东、广西、福建、海南等区域，它不是一个独立的民族，而是一个汉族民系。不同历史时期，不同地域，有“诞”“蜑”“蜒”“蛋”“疍”“连家船民”“船民”“船人”“水上居民”“水上人”等不同称谓。

海南岛是疍家人的主要活动区域之一，沿海的许多港湾，都曾是疍家人的栖息地。海南正在掀起文化旅游开发热潮，而疍家文化是海南文化版图上的一个重要组成部分。随着海南蓝色旅游开发的深入，疍家人世居的港湾基本都卷入开发建设中。

海南疍家人的生活现状如何？海南疍家文化的吸引力在哪里？旅游开发给他们带来了怎样的影响？如何保护、传承和开发疍家文化旅游资源？本书主要就上面的一系列问题，从海南疍家人及其文化、海南疍家人的生活状况、旅游开发对海南疍家人的影响、海南疍家文化旅游资源的保护性开发等四个篇章和维度来逐步展开论述。希望借助研究的相关成果和结论建议等，一方面引起政府和社会对疍民民生的关注和重视，另一方面促进海南旅游开发中疍家文化的保护、传承与开发。

(1) 关注和重视疍家人的民生。民国以前疍家人属于“贱民阶层”，生活在社会最底层，地位卑微，受到官方和民间的诸多歧视，如不准应试，不准陆居，不准陆汉族居民通婚，不能从事高尚职业等。直到民国时期疍民才获得平等权利。新中华人民共和国成立后，党和国家采取民族大团结政策，疍家人的社会地位才处于历史最好时期。但是由于疍家人没有土地，以海为田，失海疍家人不能像失地农民那样得到补偿，甚至是上岸疍家人的居住宅基地都随着人口增长面临着尖锐的供需矛盾。而在国际旅游岛开发和建设规划中，疍家文化元素鲜少得到关注和考量，疍家人虽然都居住在一线沿海，但是在对海岸、海湾、海洋的开发中，他们的传统生存空间受到严重挤压，参与和分享却非常有限，被边缘化问题明显。因此，在海南多数疍家人聚居地，他们与陆上居民的生活差距明显。疍家人作为社会的弱势群体，应该受到社会各方关注，失海后的补偿和政策扶持问题，生计延续问题，陆居后的文化融入问题等应该得到各方的重视。

（2）保护和传承疍家文化。疍家人虽然只是汉族的一个特殊族群而不是一个独立的民族，但是在数千年岁月里，世世代代以海洋为生，长期的与风浪搏斗和向大海取食，险恶的生存环境和独特的谋生手段，使得该族群在性格、语言、居住、婚配和宗教信仰等方面均独具特色，因此带给我们另类海洋文明风格的疍家文化。然而随着疍家人上岸定居，船居传统逐渐消失，疍家传统文化开始萎缩和濒临绝境。保护和传承疍家文化，有助于增加民众对海洋文化和海洋精神的了解，培育民众爱海、护海的意识。

（3）推动疍家文化旅游成为海南旅游业新亮点。海南的文化旅游开发较晚，目前仍处于新兴阶段。海南文化旅游的理论研究相对落后于对其文化旅游项目的开发，很多文化旅游项目开发和规划缺乏严密论证，往往在实践中摸索。而文化旅游资源一旦破坏就难以复原，这将导致文化资源的价值大大降低。针对目前还没有进行大规模开发的疍家文化进行研究，对其内涵进行深度挖掘，对其内容类型进行梳理，对其开发潜力进行科学评价和论证，提出保护性开发模式和对策，有助于海南走出文化旅游的发展误区，推动疍家文化旅游成为海南旅游业的新亮点。

第二节　研究内容及方法

一、研究内容

本书共分四篇，十三章来撰写。

第一篇，在研究目的、内容、方法、现状等问题的论述基础上，对海南疍家人的历史和文化进行深入梳理和介绍。

第二篇，对海南疍家人的生存现状、生活质量、生境变迁等问题进行了深入阐述和分析，目的在于引起政府和社会更多地关注和重视疍民民生问题。

第三篇，通过“影响程度—变化趋势”矩阵分析，不同旅游开发程度给疍家人带来的影响差异分析，疍家人对旅游影响感知及态度的结构方程分析，来多维度论证海南蓝色旅游开发给世代居住在各个港湾的疍家人所带来的影响。

第四篇，首先从市场需求角度研究疍家水文化对游客的综合吸引力，游客对疍家文化旅游的具体需求偏好。其次从资源供给角度研究海南疍家文化资源所属地的开发潜力。最后综合资源特点、市场需求偏好和开发潜力，科学选择海南岛内各个疍家文化资源所属地的开发模式和开发内容，提出一系列保护性开发建议。

二、研究方法

本书主要采用了文献资料法、参与式观察法、深度访谈法、问卷调查法、专家意见法等研究方法。

（1）文献资料法。从社会学、历史学、民俗学、旅游学等角度，利用文献资料研究法，了解海南疍家人的生活现状，统计和挖掘海南疍家文化旅游资源。

（2）参与式观察法。利用寒暑假和节假日等时间，去海南疍家人的主要集中港和村落，体验并观察疍家人的工作和生活，了解他们的生活质量水平，文化习俗变迁，旅游开发影响以及深入理解他们的文化渊源。

（3）深度访谈法。在参与式观察的过程中，对一些疍家人就有关生活或文化的现象和问题进行深度访谈，以便获得更深入客观的信息。

（4）问卷调查法。根据研究内容和目的，多次使用问卷调查法就相应的研究内容，针对不同的调查对象进行问卷调查。第一是对海南到访游客进行问卷调查，了解他们对各类疍家文化旅游资源的需求偏好和需求差异。第二是对海南疍民家庭进行全岛调查，以了解他们的生存现状、生活质量水平、旅游开发给他们带来的影响等问题。

（5）专家意见法。根据研究内容和目的，多次运用专家意见法。第一是多次运用专家意见法进行各类评价指标的设置和筛选、评价指标权重的确定等。第二是运用专家意见法，在实地考证 8 处疍家人聚居港的基础上，对各所在地的开发潜力，就各项指标评价给分，客观衡量各处旅游资源地的开发潜力。

第三节　疍家人的研究综述

一、研究过程梳理

疍民在20世纪30年代走进中外学者的研究视野，研究内容包括历史、经济、文化、分布等，成果丰硕。其中，日本学者对这个以船为家，终年漂泊海上的群体格外重视。日本学界采取社会变迁的视角，对这个群体的内涵、特征以及群体产生发展的社会条件进行了系统、客观的诠释，并对其产生发展及其消失的过程做出了系统的评价，勾勒出了这个群体的整体面貌。

20世纪30~40年代，中国学术界也有一批关于疍民的调查报告和论著问世。其中最早关注疍民并有开创性研究贡献的，是海南民国乡贤陈序经先生，他对闽、粤、桂的疍家人进行过较多的调查研究，并形成著作《疍民的研究》，系统、客观地从社会学视角介绍疍民的起源、地理分布、人口、生活习俗等问题。当时的华南知名学者伍锐麟、罗香林、林惠祥、何格恩等人都研究过疍民。他们的研究给我们留下了一批弥足珍贵的调查报告、论文和著作，对疍家的族源、发展脉络、人口及地理分布、社会经济文化状况、宗教信仰及习俗等内容都做过全面深入的论述。

新中国成立后到改革开放前，由于各种历史原因，研究出现断层，没有新成果。

改革开放后，随着地方史、地方文化、传统文化的发掘整理、保护传承等研究工作的开展，疍民及文化作为华南地区的地方文化、海洋文化、族群文化等重新被推到了各种相关研究的前台，成为研究热点。主要的研究内容有历史源流、生存状况、文化与传承等。

二、主要研究内容

（一）历史源流

疍民源流及历史是历史学和民族学领域研究的重点。围绕的核心话题是疍民的来源及是否归属汉族，该话题存有争议至今没有统一说法。罗香林、林惠祥、何格恩等人在19世纪30年代最早通过民族史的考证，认为疍民属于古越族。陈序经（1946 年）将之前学者关于疍民起源的传说或学说归为六类，但是他认为疍民既非汉族，也非别的种类的支派。20 世纪 50 年代初，新中国成立后展开了全国性的少数民族社会历史调查和民族识别，当时的代表性学者韩振华（1954 年）对福建疍民作了文献上的详细稽考，并最终认为疍民应该划分为疍族。陈碧笙（1954 年）将文献征引和民俗资料相结合，并最终认为疍民（水上居民）和陆上居民之间的关系不是“民族关系”，而是“阶级关系”，疍民民国以前隶属“贱籍”。改革开放后随着社科研究的兴起，疍民源流的研究新成果不断。张寿棋、黄新美（1988 年）从考古遗址、古文献记载、体质人类学、语言等四方面得出，珠江口疍民属于中国汉族的一个支群。叶显恩（2011 年）提出，疍人先祖起源于夏商之际的河南丰县古亶水一带的亶人。詹坚固（2012 年）认为，长江流域的疍民主要是今天土家、苗、瑶、侗等族的先民，宋代以后的岭南疍民则是古越族的后裔，两者之间没有血缘关系。颜广文（2015 年）从社会生活的活动空间、图腾崇拜、音韵学和文献记载等角度分析认为“瓯邓”是疍民的正源。黄向春（2014 年）研究清代福建的“蜑民”及地方社会。阎根齐（2015 年）研究南海早期疍民的起源与文化特征。张先清等人（2019 年）研究近代中国关于疍民的公共话语与族界建构。

（二）生存状况

疍民生存生活的现状、困境及变迁等是人类学和社会学领域研究的重点。张银锋（2008 年）以广东疍民群体为考察对象，探讨了疍民与周边族群复杂的互动关系。刘莉（2014 年、2016 年、2019 年）从人类学视角，对海南疍民的生存、生活、文化等问题进行深入研究。刘群等人（2012 年、2013 年）对淮河流域的船民生活状况进行调查，了解他们的人口状况、教育和职业技能状况，就业、收入、社会保障、婚姻等生活状况。周小龙等人（2014 年、2018 年）对赣南萧、郭、李三姓水上居民的群体认同情况进行详尽的了解。胡波（2016 年）从珠江三角洲生态环境、自然资源、生存空间变化的视角，研究疍民的生存发展变迁。邱运胜（2015 年）研究广州渔民新村的疍民生计、信仰与日常生活变化情况。毛春洲（2019 年）通过问卷调查和访谈等方法对海南疍民的语言态度进行实地调查研究。黄骏等人（2019 年）将北部湾疍家文化置于社会空间的研究框架进行考察，探讨北部湾疍家文化的当代社会生存空间。梁文生

（2019 年）探讨疍民族群的身份认同问题。方礼刚（2018 年）以“洗脚上岸”为变迁时点，对三亚疍民社会变迁的来源、领域、趋势、模式、反应、代价、策略、评价与反思等方面进行了全面的调研与分析。

（三）文化与传承

疍民文化习俗与传承是民俗学和旅游学领域研究重点。吴水田、司徒尚纪（2011 年）对岭南疍民居住形态、居住空间、聚居形式的历史演变过程做疍民居住文化研究。陈光良（2014 年）对岭南疍民的生态环境、生计方式和水文化特质进行经济文化研究。宋力行等人（2015 年）从婚姻形式、婚姻礼俗、婚姻制度等方面对广东阳江疍民进行婚俗文化研究。胡冬智等人（2019 年）从传统故事、伦理道德、汉字文化、审美追求、农耕生活等多个方面研究海南疍歌中的主流文化。徐燕琳（2019 年）研究中山神湾疍民的水文化以及水风俗。吴水田等人（2016 年、2017 年、2018 年）探讨广东不同地域的疍民文化及其旅游开发。陈忠烈（2014 年）从珠海斗门水上婚嫁的流程和文化元素、风俗演变等方面研究其婚俗文化。许桂灵等人（2014 年）通过对疍民不同葬式及其文化生态根源的梳理研究疍民葬俗。陈惠娜等人（2012 年）研究北海疍家的传统民俗体育与特色滨海休闲旅游的开发。陈玉英等人（2012 年）提出了非物质文化遗产之民间咸水歌文化的传承保护策略。肖璇等人（2014 年）提出了岭南疍民民俗文化旅游开发模式。王钢滨（2015 年）介绍和总结了东莞沙田的疍家文化保护与传承实践经验。曾现梦等人（2018 年）探讨厦门沙坡尾街区基于工业遗存改造与疍民文化复兴的复合型街区更新。黄丽华（2019 年）专门研究海南疍家人的民俗文化及其旅游开发。

三、研究评述

（1）在研究时间上，疍民研究经历过两次热潮，第一次是西方的社会学研究范式刚刚引入中国时，华南著名社会学者陈序经把研究目光投向了这个特殊群体，并在研究画布上从社会学视角重重画上一笔。第二次是新中国成立时的民族划分，民族学研究者们调查和论证疍民算不算一个独立的民族。改革开放以后虽然也有不少研究成果，但是研究深度、广度和影响力都没有在前人的基础上有大跨越。

（2）在研究地域上，疍民研究的主要区域集中在广东和广西，海南和福建疍民的研究成果较少。而不同区域的疍家人在风俗习惯、生活现状等方面又存在地区差异。海南岛上的疍家文化跟热带岛屿和海洋的关系更加密切，且保存相对完整，被誉为南海海洋文化的活化石。但是目前专门关注和研究海南疍家人的岛外学者还很少，只有人类学博士刘莉对海南陵水新村疍家人进行过数年深入研究，并有系列研究成果。其他岛外学者，多在他们研究其他族群或其他区域疍家人时捎带关注海南疍家人。海南岛内学者中，最早专门关注并研究海南疍家人的是张朔人，他从历史学角度对海南疍家人的族源，人口数量、分布及居所，承担的社会角色等问题做了系统阐述。2014 年，詹长智等人对海南疍家人的生存现状及文化变迁做了系统调查和研究，并对其人口和分布现状、经济活动方式、从业结构、习俗变迁等问题进行了基本的描述，弥补了相关调查研究的空白。近两年，岛内学者们逐渐有少量关注疍家人的研究成果，至今没有相关著作和系统研究出现，旅游开发方面的研究成果也很少。

（3）在研究方法和视角上，主要应用民族学、人类学、社会学、历史学、艺术学、旅游学等研究方法从某一学科角度研究，很少把多学科方法综合应用。在总体研究成果上，相对其他民族或族群，成果的丰富程度和影响力都不够。

参考文献

[1] 陈序经．疍民的研究［M］．上海：商务印书馆，1946.

[2] 伍锐麟．民国广州的疍民、人力车夫和村落：伍锐麟社会学调查报告集［M］．广州：广东人民出版社，2010.

[3] 张寿祺．疍家人［M］．中国香港：中华书局（香港）有限公司，1991.

[4] 白云．广西疍家话语言研究［M］．南宁：广西人民出版社，2007.

[5] 吴水田．话说疍民文化［M］．广州：广东经济出版社，2013.

[6] 张振江，陈志伟．麻涌民俗志——岭南水乡社会研究［M］．汕头：汕头大学出版社，2008.

[7] 司徒尚纪．中国南海海洋文化［M］．广州：中山大学出版社，2009.

[8] 广东省民族研究所．广东疍民社会调查［M］．广州：中山大学出版社，2001.

[9] 林有能，等．疍民文化研究——第一届疍民文化学术研讨会论文集［M］．中国香港：香港出版社，2012.

[10] 林有能，等．疍民文化研究（二）——第二届疍民文化学术研讨会论文集［M］．中国香港：香港出版社，2014.
[11] 詹长智．海南疍家文化论丛——首届三亚疍家文化论坛文集［M］．海口：南方出版社，2015.
[12] 吴水田，司徒尚纪．疍民研究进展及文化地理学研究的新视角［J］．热带地理，2009，29（6）：583~587.
[13] 黄向春．从疍民研究看中国民族史与族群研究的百年探索［J］．广西民族研究，2008，94（4）：55~65.
[14] 何国强，温士贤．伍锐麟华南社会调查回顾［J］．五邑大学学报（社会科学版），2009，11（2）：1~5.
[15] 张银锋．族群歧视与身份重构：以广东“疍民”群体为中心的讨论［J］．中南民族大学学报：人文社会科学版，2008，28（3）：22~26.
[16] 刘群，孟永．1949 年后淮河流域的船民生活状况调查——以河南省新蔡县为例［J］．北京科技大学学报：社会科学版，2013，29（1）：47~58.
[17] 陈光良．岭南疍民的经济文化类型探析［J］．广西民族研究，2011，104（2）：164~169.
[18] 黄妙秋．语言人类学视阈下的两广疍歌研究［J］．人民音乐，2014（2）：60~63.
[19] 刘莉．海南疍家的陆地印记：从食槟榔习俗谈起［J］．广西民族大学学报（哲学社会科学版），2014，36（5）：70~74.
[20] 司徒尚纪，许桂灵．海南文化的特质和历史地位［J］．琼州学院学报，2014，21（1）：93~98.
[21] 麻国庆．海南岛：中国人类学研究的实验室［J］．广西民族大学学报（哲学社会科学版），2014，12（3）：36~44.
[22] 叶显恩．唐代海南岛的海上贸易［J］．海洋史研究，2015（3）：9~17.
[23] 刘志伟．地域社会与文化的结构过程——珠江三角洲研究的历史学与人类学对话［J］．历史研究，2003（2）：54~64.
[24] 李宁利．明清时期疍民社会与中国对南海诸岛的管辖［J］．西南民族大学学报（人文社会科学版），2014（10）：63~69.
[25] 刘莉．做海：海南疍家的海上实践与文化认识［J］．广西民族大学学报（哲学社会科学版），2016（5）：131~137.
[26] 张朔人．明清时代南海疍民的分层流动与社会身份重构［J］．古代文明，2014，8（3）：85~91.
[27] 阎根齐．论南海早期疍民的起源与文化特征［J］．南海学刊，2015，1（1）：75~81.

［28］何化利．海南疍家身份认同问题研究——基于海南各港口疍民考察札记［J］．民族论坛，2016（7）：61~64.

［29］毛春洲．社会语言学视角下的海南疍民语言态度研究［J］．海南大学学报（人文社会科学版），2019（5）：93~101.

［30］胡冬智，黄桂玲．海南疍歌中的主流文化研究［J］．北方民族大学学报（哲学社会科学版），2019（4）：57~62.

［31］周俊．口述史视野中的海南疍民与南海关系研究［J］．中国海洋大学学报（社会科学版），2018（6）：49~53.

［32］黄丽华．海南疍家人的民俗文化及其旅游开发［J］．中州大学学报，2019（4）：55~58.

第二章 海南疍家人

海南疍家人，指建国以前主要在南海海域及港湾生产生活，中华人民共和国成立时民族调查统计，民族归属上曾经填写的内容是疍族，中华人民共和国成立以后陆居到海南省，现在依然自称“疍家人”的疍民群体。

第一节 发展历史

民国以前疍家人属于“贱民阶层”[1]，不准接受教育，自己对自身发展历史没有文字记载，只靠口耳相传。而政府及社会各界对这个倍受歧视的群体投入的关注少之又少，相关史料记载非常少。我们只能从史书的只字片言中，从疍家后人的口述中，对他们的来龙去脉做一些推测。海南疍家人的族源，目前众说纷纭，“多元说”[2~4]受到的认同较多。即：海南疍家人的族源具有多元性，首批来源是秦汉时期的越族遗民，主要活动在海南岛的北部和东北部沿海一带。到了唐朝，又有大量广东广西疍民为了躲避课税，迁移到执法不太严厉，而渔业资源又丰富的海南岛，主要分布于岛的西北部一带，并向岛四周扩张。随后宋、元、明、清时期都有政治性难民移入并逐渐变成疍家人。这些可能都是海南疍家人族源的主要源流。

海南岛渔业资源丰富，加上政治管控不像其他地区那样严苛，所以一直是疍家人繁衍生息的重要区域之一。至明代，海南疍家人已分布全岛各沿海港湾，人数快速增长。清代至近代，由于生存空间被各方群体挤占，海南疍家人口占全岛总人口比例和分布区间都有缩减的趋势[5]。清光绪《崖州志》记载“疍民，世居大疍港、保平港、望楼港滨海筑处。”大疍港就因曾是疍家人的主要聚集地而得名，后来由于自然和政治等多重因素，他们又迁居到三亚港及附近港湾，一直栖居至今❶。

❶ 三亚疍家文化陈列馆负责人郑石喜口述。

第二节　地理分布现状

关于海南疍家人的人口现状及分布，目前并没有统一的权威说法，主要原因是疍家人在填写“民族”一栏时，都填汉族，官方政府的人口统计数据无法显示他们的准确人口信息。从民国开始疍家人与其他族群交流融合的政治界限被取消，加上海南的移民文化更具包容性，对疍家人的歧视不像其他地区那样严重，这些因素都加速了疍家人与海南其他族群的融合，使他们对自身身份认同变得模糊，尤其是新生代疍家人。城市化进程和旅游岛建设让海南一些地方的疍家人在居住上也失去了原先的印记，不再是以前典型的舟居或依港湾而居。结合詹长智 2014 年做的海南疍家人现状调查和三亚疍家文化陈列馆的三亚疍家人口统计资料，以及本书在詹长智和何化利[6]等人的研究基础上对海南疍家人做出的初步界定，调查组在全岛范围内的走访调查，最后估计海南目前的疍家人口数约 3 万人，主要集中在海口海甸岛、文昌铺前港和清澜港、陵水新村港、三亚后海铁炉港、三亚藤桥河口、三亚红沙湾、三亚港、昌江新港。主要的世居社区和村落包括海南三亚、陵水、海口、文昌、昌江 5 个地区的捕捞村、白沙门下村、铺鱼村、新村、赤岭村、新港村、藤海社区、藤桥社区、榆港社区、红沙社区、南海社区，共 11 个村落和社区（见表 2-1）。据文献资料记载，文昌清澜港、临高新盈港、琼海谭门港、崖州大疍港都曾是疍民的主要栖息地，但是现在都被同化或者不再认同自己的族群身份，表 2-1 所列的 11 个集聚地的被访者，普遍自称是疍家人。目前海南疍家人的主要生产方式仍以祖辈们熟悉的渔业为主，除海洋捕捞外，还主要从事海水网箱养殖、鱼货贸易、渔排餐饮等，而年轻人则以陆上打工为主。

表 2-1　海南疍家人口分布情况

所在地区	村落（社区）	疍民户数/户	疍民人口数/人
陵水	赤岭村	445	2100
	新村	2078	9000
昌江	新港村	500	2500
文昌	铺鱼村	435	1885
海口	捕捞村	350	1800
	白沙门下村	240	1200

续表 2-1

所在地区	村落（社区）	疍民户数/户	疍民人口数/人
三亚	南海社区	275	1375
	榆港社区	638	3120
	红沙社区	257	1260
	藤海社区	644	2783
	藤桥社区	78	318
合　计		5940	27341

第三节　族群意识和身份认同

调查的 11 个社区和村落，70%以上的被访者能说出自己的祖籍地。他们的祖籍地主要包括广东的顺德、南海、阳江和福建等，并且老一代疍家人日常沟通使用的是广东话而不是海南话。绝大部分疍民家庭从来没有和祖籍迁出地联系过，只有很少数疍民家庭有族谱并与祖籍地一直有联系，还有少数家庭以前和祖籍地有联系，现在慢慢失去联系。调查发现，各村都有一些大姓大家庭和一些小门小户组成，陵水赤岭村的疍民大姓主要有梁、黄、黎等；陵水新村镇海鹰、海鸥、海燕三个村的疍民大姓主要有郭、陈、冯、梁、郑、黄、张等；昌江新港村的疍民大姓主要有石、梁、黄、郭等；文昌铺鱼村的疍民大姓主要有杨、林、张、何、石、冯等；海口捕捞村的疍民大姓主要有张、石、杨、黄等，海口白沙门下村的疍民大姓主要有梁、黄、杨等，三亚南海和红沙社区的疍民多是航运公司职工及后代，大姓主要有梁、黎、黄、王、张等；三亚榆港社区的疍民大姓主要有梁、黎、黄、王、张、林、陈、李、冯等；三亚藤海社区的疍民大姓主要有梁、林、杨、张、郑、李等。

小　　结

海南疍民的族源具有多元性，从早期的秦汉，到唐、宋、元、明、清不同时期，都有基于不同原因的政治性难民移入海南这个移民岛，并成为疍家人。海南目前的疍家人口数约 3 万人，主要集中在海口海甸岛，文昌铺前港和清澜港，陵水新村港，三亚后海铁炉港，三亚藤桥河口，三亚红沙湾，三亚港，昌江新港。他们的祖籍主要包括广东的顺德、南海、阳江和福建等地。

参考文献

[1] 吴水田．话说疍民文化［M］．广州：广东经济出版社，2013.

[2] 张朔人．海南疍民问题研究［J］．安庆师范学院学报（社会科学版），2007，26（2）：53~55.

[3] 林惠祥．中国民族史［M］．北京：商务印书馆，1998：139~141.

[4] 阎根齐．论南海早期疍民的起源与文化特征［J］．南海学刊，2015（1）：75~81.

[5] 张朔人．明清时代南海疍民的分层流动与社会身份重构［J］．古代文明，2014，8（3）：85~91.

[6] 何化利．海南疍家身份认同问题研究——基于海南各港口疍民考察札记［J］．民族论坛，2016（7）：61~64.

[7] 詹长智．海南疍家文化论丛——首届三亚疍家文化论坛文集［M］．海口：南方出版社，2015.

第三章　海南疍家文化

关于海南疍家文化的专门研究[1~12]，可以参考的文献资料较少。一方面查阅相关论文、著作和三亚疍家文化陈列馆的记载做文献参考资料；另一方面实地走访海南疍家人的主要集聚地，对海南疍家人的生产生活、居住环境等进行观察、记录和分析，并就一些发现或疑问对当地疍家人进行深度访谈来印证或释疑。将文献资料法、观察法和访谈法相结合，试图对海南疍家文化进行初步的介绍和梳理。

第一节　饮食文化

一、食物

（1）海鲜及加工品。海南疍家人在饮食上具有典型的“吃海”特征，以海洋动植物为主要食材，是疍家饮食文化的特色之一。海南疍家人最喜欢和常吃的海产品有马鲛鱼、鲳鱼、红鱼、鱿鱼、墨鱼、青鱼、蚝、对虾、蟹、贝、紫菜等。由于受到生存条件和空间的局限，疍家人缺油和柴，以及做饭的专门厨房厨具等。另外，热带气候容易生内热，食物要求清淡。所以，海南疍家人的海鲜烹饪方式主要是水煮，用一锅清水，放入盐和姜等简单调料，煮熟即食。这种烹饪方式对食材新鲜度有很高要求，做出来的海鲜讲究原汁原味。

除了食用新鲜的海产品，由于以前食物保鲜没有冰箱类的电器设备，疍家人靠自己的生存智慧，利用发酵、腌制、晾晒等方法，储存海产品食物。用盐和酒将小鱼虾加工制作成虾酱、鱼露等发酵制品。鱼虾发酵制品存储时间长，且富含多种氨基酸等营养成分。另外，就是做成海产干货，利用渔船上的海风和阳光，把打捞上来的鱼虾去内脏、拨壳，然后放在甲板上晾晒成干，便于保存。就算是今天有了很高的储存条件可以吃上新鲜鱼虾，海南疍家人依然对虾酱、鱼露、咸鱼等食物情有独钟。

（2）海鲜粥。米是海南疍家人的另外一个主要食材。因为疍家人不耕种，米是用自己在水中所获之物拿到陆地上，跟陆上居民换取的。米的主要做法就是粥，可以做成白粥，也可以是海鲜咸粥。疍家人生活艰苦，白粥就咸鱼，或者在粥快煮熟时放点新鲜鱼虾和盐，就可以不需要菜直接吃。久而久之，疍家人的海鲜粥，越煮越鲜美。海鲜粥目前是海上疍家渔排上的招牌主食之一，深得外地游客青睐。

（3）疍家糕。米除了煮粥，还被疍家人做成各种糕点小吃，俗称疍家糕。疍家糕被海南疍家人在婚嫁佳节中食用，也可做日常充饥。主要材料是米和各种具有清热解毒、避暑提神功效的植物叶，加工工序较为复杂，需要经过磨、煮、蒸、冷却等工序，整个制作过程得耗费四五个小时左右。海南疍家人最喜欢做的疍家糕有九花草粉果（九花草、米、椰子、花生、糖），金丝糕（椰子、花生、麻油、糯米、糖），咸糕（米粉、螺肉、盐、蒜头油），白蝶叶糕（白蝶叶、米、糖），山捞叶米糕（山捞叶、米、油、糖），番薯粉果（番薯、米糖），维花糕（维花、米、红糖）等。

二、饮品

（1）疍家糖水。中国有句话“日出而作，日落而息”，这是描述以土为生的农民生活的。对于多数以水为生的海南疍家人，他们多数是下午 3 点过后出近海捕鱼，第二天早上回港。和作息规律相配合，他们一日两餐，下午 3 点吃一餐，然后出海劳作，早晨回来收拾好后上午 9 点左右再吃一餐正餐。在中午和晚上，会以吃糖水或吃夜宵来补充正餐。糖水的品种很多，很多疍家糖水都有清热、祛风、除湿等食疗功效。比较受欢迎的有枸杞叶糊汤（枸杞叶、米、糖），九花草糊汤（九花草、米、糖），鸡屎藤汤糊（鸡屎藤、米、糖），铺鱼尾叶糊汤（铺鱼尾叶、米、糖），珠仔叶汁，九花草叶汁等，糊汤糖水就是用这些植物叶子绞汁，和米粉一起做成条状煮糖水。

（2）疍家酒。海南疍家人长年累月蜗居在船上，生产作业和居住环境都很潮湿，又一年四季赤足薄衣，易被寒气和潮气所侵。所以，智慧的疍家人便将海马、海蛇、虎鲨皮、鳘鱼胶、鲨鱼翅等各种海味和人生、虫草等山珍合理搭配，和度数较高的纯高粱酒一起泡制出各色风味的疍家酒，疍家酒不仅可以御寒，还具有祛风、除湿、壮腰补肾、延年益寿等不同的功效。

第二节 居住文化

舟居是疍家人的主要居住特征，海南疍家人的居住条件经历了海上渔船（疍家艇）、岸边窝棚（疍家棚）、陆地船形房屋和高楼大厦的演变过程。虽然今天多数疍家人住楼房建筑，但还保留着明显的传统舟居风格和习惯。

一、疍家艇

疍家艇是疍民居住的船，一般大的叫船，小的叫艇。无论是早期还是现今，居住于船上的海南疍家人，对于生活区域的划分都很讲究。船头是生产区，放网、收网、补网等都在船头进行，船中、船尾则是生活区，吃饭、睡觉在船中，做饭、洗漱、大小便等都在船尾。船上没有桌、椅、衣柜、床等家具，他们直接坐在船板上用餐，生活垃圾直接投至海里。随着造船技术的发展，疍家人作业和居住的船也从平头船发展到尖头船，从依靠人力前行发展到风帆船，再到机械化的灯光围网船。但是现在的大船依旧保持船头工作、船尾生活的传统格局，只是空间变大了并有了简单分区。

二、疍家棚

20 世纪 70 年代在海南地方政府鼓励疍家人上岸居住安家政策的引导下，海南疍家人慢慢在海港边搭起疍家棚，又叫浮脚室。主要建造方式是以木头为支柱在沙滩上打桩，离地一米高，再在木桩上横木架，铺设地板，上面是草木结构的小屋。疍家棚一家家连在一起。退潮时，似吊脚楼，涨潮时，似漂浮在水上的房子，船回来了，拴在木桩上。

三、渔排

渔排是海南疍家人在延续传统海上舟居和临水窝棚功能的基础上，为了适应水上养殖，利用现代新材料修建的集养殖、捕鱼和居住为一体的民居样式。渔排是由网箱和浮屋组成的，修建渔排的主要材料为木板和泡浮。木板与木板用大的螺丝拼成田字形，木板下是泡浮，中间布网，就成了养鱼的网箱。浮屋的格局基本都是进屋中间是客厅，两边各有能容一两人睡觉的小屋，屋内没有任何家具，睡觉席地而卧，吃饭时地板就是桌子。以小屋为中心，每家养殖规模不同，网箱数量也不等，但都和小屋牢固拼接在一起。从远处看，渔排的排列非常有序，就如同陆地上的村落规划一般。

四、船形屋

无论是海上舟居，还是岸边棚居，都容易受台风和暴雨的影响，为了得到更安全的居住空间，疍家人慢慢在岸上陆地修建更结实牢固的房屋，进而形成村落。作者在走访海南疍家人集聚地时发现，疍家人的房屋都是长方形，多数房子只有一间宽，但是像隧道一样深，从大厅往里走是一间一间的房间，屋里几乎不见杂物，且非常干净。房子排列紧凑整齐，像一艘艘停泊在岸边的船。无论是外观，还是室内设计，都让人想起船，故称之为船形屋。

五、楼房

现在的疍家人基本都盖了两层以上的楼房，但是新楼房基本都还保持长方形的船形外观和室内设计，且屋内陈设简单，屋里和庭院都一尘不染，非常干净。所以，了解疍家文化的人一眼就能看出哪些是疍家人聚居区，哪些是其他人的集聚区。

第三节　信仰文化

古代疍家人以海为生，每当在海上遇到强风时，无法掌控生死，只好寄希望于神灵的保佑与庇护。调查发现，他们村村都有自己的公庙，疍家人出海前和回港后都要到公庙去祭拜，在一些重要节日，全民参拜。但是各个公庙供奉的主神各不相同，主要有妈祖、五龙大王、108 兄弟公、神山爷爷等，并且普遍存在一庙多神现象。在三亚南边海龙王庙里，不仅供奉着五龙大王，还有妈祖、关帝、港口婆、港口伯、儋州伯等神像。在陵水新村的三江庙中供奉的神像除了妈祖，同时也供奉关公、哪吒、金吒、木吒等。另外，海南疍家人与陆上汉族人有着共同的祖先崇拜，属于典型的混合多神信奉。

一、家神

海南疍家人都崇拜祖先，会在家里、渔船和渔排上供奉祖宗牌位。每天早晚都要上香拜家神，表示孝敬，希望得到家神保佑。在春节、端午节、鬼节、祖先节等节日时，拜家神更隆重，除了有更丰富的如鸡、鹅、猪肉等供品之外，全家人都要参拜。出海遇到风浪时，疍家人会向海里撒纸钱并祈求祖宗的保佑，因为疍家的先人多死于海上，其子孙认为先人的英灵会在海上保佑他们平安。

二、妈祖

各路海神在疍民群体中受到格外尊崇的是妈祖，妈祖被誉为海上人保护神，在国内东南沿海地带拥有广泛信众。疍家人相信妈祖是专救海上人的。所以，妈祖在海南疍家人中有最广泛的信众。在海南疍家人现在主要的集聚地，如海口白沙门上村天后宫，三亚蜈支洲岛的妈祖庙，陵水新村的三江庙，主要供奉的都是妈祖娘娘。并且，这三座妈祖庙都是海南最古老的庙宇之一。

三、海龙王

龙王一直是我国人最崇拜的水神之一，龙王兴云、布雨、治水，是我国民间普遍的信奉。但是海南疍民的龙王崇拜，不仅受汉人龙王文化的影响，更多的是受南海地方文化和疍民自信“龙种”的龙蛇崇拜影响。在海南疍家人现在主要的集聚地之一——三亚南边海，就有龙王庙，供奉的是五龙大王。

四、神山爷

神山爷是海南本土产生的海神之一，也是海南昌江疍家人信奉的主要海神。在昌江海尾疍家人集聚的村落——新港村的广德庙里，供奉的就是神山爷爷。神山爷是道教文化的产物，最初是位于昌化岭上的一块石头，似人直立，后有多种民间传说将其神化，变成神石并被人们祀奉。为了逢年过节可以就近祭拜，人们在小神山建起了一座神山庙供奉神山爷。神山爷及神山庙盛名远播，香火极盛。昌化岭神石历史上曾经三次被加封为王，五代南汉时期加封为镇海广德王，北宋元丰五年七月被加封为峻灵王，清朝光绪十二年被加封为昭德王。不光昌江本地疍家人信奉，临高、儋州、东方、三亚等地的疍家人捕鱼经过昌化口，都要抛锚停航，拜神山爷爷。为了祭祀方便，一些地方还把神山爷请到当地，供奉在本村的公庙里，但是称呼有些不同，除了“神山爷爷”“港门老爷”“昌化公”“神山明王”“峻灵公”等都是其民间称谓。

五、108 兄弟公

108 兄弟公崇拜是海南独有的地方信奉。108 兄弟公中，有 72 个孤魂，还有 36 个同在一艘船上的兄弟。他们都是远赴西沙、南沙、中沙群岛捕捞，遇到罕见暴风雨死去的，这些人多数都是疍家人。千百年来，海南疍家人踏着 108 兄弟公的足迹，经常在南沙、西沙、中沙群岛附近海域生产作业，每逢在附近遇到危险时，他们必祭阴神 108 兄弟公，祈福求平安。并在南海一些岛屿上建兄弟庙和孤魂庙，捕鱼到附近都要专门上岛祭拜。后来一些疍家人集聚的港口也建起了兄弟庙，每年农历七月十四的鬼节，大家都来祭拜。现在海南疍家人集聚地之一，海口捕捞村依然有供奉 108 兄弟公的兄弟庙。

六、水尾圣娘

水尾圣娘是海南文昌疍家人信奉的主要海神，发源于海南疍家人的主要集聚地之一——文昌清澜港。明正德年间，历史上第一座水尾圣娘庙始建。至今，文昌市东郊镇境内的东郊水尾圣娘庙，依然被认为是水尾圣娘庙的主庙。文昌另外一个疍家人汇集地——铺前镇，至今依然有供奉水尾圣娘的七星岭圣娘庙。水尾圣娘，全称南天闪电感应火雷水尾圣娘，又名南天夫人，是中国神话传说中的电神。但在实际信奉中，她的主要作用依然是保护疍家人出海平安丰收，与海神妈祖的作用相同，只是水尾圣娘是海南本土的自然神。

七、相信鬼怪

岭南古越人非常信鬼，疍民也继承了这一传统。加上他们以水为生，生死无常，每每有多次捕鱼无收获，或生老病死困惑时，他们不会怀疑最敬重的妈祖婆，却会以为是鬼怪在作祟。疍民敬畏的鬼怪很多，其中最怕水鬼。他们认为人死水中会变成水鬼，水鬼必须找到替身才能转世为人，而那些落水之人就是水鬼找的替身，如果搭救落水之人会被水鬼报复，从而祸及自己。但是，如果疍民出海碰到水上浮尸，就会放弃捕鱼而设法将其打捞上岸安葬，因为他们认为如果不这样做，死者的魂魄就会依附到他家船上，从而祸及己身。

第四节　习俗文化

一、节庆习俗

疍家人和汉人一样重视春节，并且习俗差异不大。另外，他们还非常重视端午节，元宵节和鬼节。在节日习俗上，海南疍家人仍保有游神、祭祖、祭海等习俗。

（1）元宵节。海南疍家人非常重视元宵节，尤其是社区大众式的闹元宵。多数海南疍家人集结地都有闹元宵习俗，主要特色是游神。由于海南各地疍家人信奉的海神不同，他们巡游的主要神像也不同，在三亚南边海，主要是游五龙大王，在陵水新村，游三江娘娘，在文昌，游水尾圣娘等。另外，各地游神的过程细节也不同，但是大多是信徒把神像从庙里请进神轿里，然后抬着沿街巡游，意为神明巡视乡里，接受信众的香火膜拜，游行伴有神偶、舞龙舞狮、花车、乐队演奏等表演。这一晚，到处张灯结彩，灯火辉煌，男女老少都出动，外面人山人海，热闹非凡。

（2）端午节。端午节是海南疍家人最重要的节日之一，但是并不是为了纪念屈原，而是海南疍家人最崇拜的海神之一——龙神的节日。传说这一天龙王会出来活动，会使海水变成龙水。海南疍家人要在这一天通过赛龙舟、洗龙水❶、祭海神等祭神和娱神活动来表达对龙神的崇拜。

（3）鬼节。农历 7 月 14 是疍家人的鬼节，他们要放鞭炮、杀鸡、杀鹅、祭祖。另外，要在路边烧香烧纸钱祭小鬼，因为鬼节期间，无数鬼魂涌到阳间度假散心，疍家人通过准备祭品来安抚鬼魂，以求它们吃饱喝足和收了财物之后，安守本分不要在阳间作怪。

二、婚嫁习俗

民国以前中国疍家人沦为社会底层，广东疍家人被政府禁止上岸，不准与岸上人通婚。海南疍家人并没有受到政府的严格控制，但是疍民除必需的食品用品与陆上居民进行交换，很少与陆上族群发生联系，加上生活环境和

---

❶ 端午节这一天，疍家人男女老少都会到海边用海水进行洗浴，以求祛病得福，俗称“洗龙水”。

方式差异巨大，使这个族群与岸上人的通婚状况几乎被隔绝。女孩到了适婚年龄，被男方家庭看中，男方家庭会派媒人带着槟榔来问亲。女方家庭如果觉得不合适，就会当场拒绝，说已经有了婚配。如果觉得合适，就说要和叔公老大商量一下。正式同意了之后，双方就开始商量聘礼，婚期等事宜。通常男方的聘礼中会有衣服、大米、水果、酥饼、槟榔等，具体内容根据男方家庭的经济实力而定，但是必须有酥饼和槟榔。聘礼一般是 8 提篮或 12 提篮，必须是双数，意味好事成双。

（1）“叹家姐”哭嫁。海南疍家人有“叹家姐”哭嫁习俗。新娘出嫁的头天晚上，必须“叹家姐”哭嫁。主要是姑嫂对唱“叹家姐”，新娘边哭边唱，用以抒发对父母养育之恩的感激和离别的不舍之情，并嘱咐其哥嫂照顾好父母。嫂子会唱一些规劝的歌，规劝新娘对娘家放心，出嫁后与婆家人的相处之道等。

（2）花艇迎亲和对歌。多数陆上居民新娘结婚都是坐花轿，但是疍家新娘是坐花艇。男方把迎亲的船或船队布置一新，张灯结彩，俗称花艇迎亲。花艇到了女方的船边，新郎和结亲人员还不能立刻上船，必须得对歌。新娘方唱咸水歌让新郎伴郎等答唱，答唱正确才能上船，场面非常热闹。他们以歌传情，因歌求偶，新郎经常为了接亲时的对歌要在婚前苦练。

三、咸水歌

海南疍家人没有形成自己的语言和文字，新中国成立以前也很少有人读书习字。咸水歌是他们教育、学习和娱乐的重要方式，承载着他们的文化记忆。咸水歌包含生产、生活、节庆、爱情等丰富题材，有独唱、合唱和对唱等多种形式。疍家人在出海打鱼时独唱解闷，亲朋相聚时斗歌对唱，节庆时更要唱上一首表达心意。三亚疍家咸水歌在 2010 年被评为海南省非物质文化遗产。为了传承咸水歌文化，成立了咸水歌协会，每 2 年举办一次咸水歌比赛，目前一共有 4 名咸水歌传承人代表。

小　结

海南疍家人在千百年的生产生活中形成了自己独特的饮食、居住、信仰和习俗文化。这种文化继承了汉人部分文化传统，但是又有巨大差异。这种文化与其他地区水上居民的水文化有很多共同特征，但是又打上了海南热带岛屿和海洋的地域烙印，并且有与海南当地黎、苗、汉等文化相适应融合的典型特征。因此，它具有独一无二的魅力。

参考文献

［1］何化利．三亚疍家海洋民俗及社会功能探究［J］．安徽农业科学，2016，44（4）：199~200.

［2］周俊．三亚疍民咸水歌的社会功能研究［J］．名作欣赏，2016（6）：156~158.

［3］易新欣．海南疍家传统文化在当代室内设计中的应用研究［D］．海口：海南大学，2015.

［4］范舒琪．海南疍家民俗文化的视觉符号研究［D］．海口：海南大学，2018.

［5］王昭旭，许浩丰，黄伟展．海南疍家民俗旅游文化符号的构建与传播［J］．改革与开放，2017（15）：46~47.

［6］张玲．从五龙王信仰看三亚疍家人的文化适应选择［J］．黑龙江民族丛刊，2015（6）：153~156.

［7］席晓丽．海南疍家饮食文化及其旅游开发初探［J］．黑龙江生态工程职业学院学报，2016（3）：13~15.

［8］刘莉．做海：海南疍家的海上实践与文化认识［J］．广西民族大学学报（哲学社会科学版），2016（5）：131~137.

［9］黄丽华．海南疍家人的民俗文化及其旅游开发［J］．中州大学学报，2019（4）：55~58.

［10］赵世兰，郭建民，陈锦霞．海南疍家音乐常态化传承传播探索与思考［J］．当代音乐，2019（8）：4~6.

［11］宋江东．海南疍家传统民俗文化传播与旅游演艺产业互动研讨［J］．产业创新研究，2019（6）：40~42.

［12］赵世兰，郭建民．海南疍家音乐形态整理与传承传播问题研究展望［J］．音乐传播，2018（4）：24~28.

第二篇

海南疍家人的生活状况

第四章　海南疍家人的生存现状描述

本章将从生计、收入、生活、消费四个方面调查疍民的生存现状，并进行描述性分析，以了解他们的基本生存条件和生活情况。

第一节　问卷设计及数据获取

一、问卷设计

调查组自编了“海南疍民的生活现状调查”问卷。在海南疍家人生活现状的描述性分析部分，调查问卷有两块内容：第一部分是被调查者的基本信息。主要包括被调查者性别、年龄、文化程度、家庭人口数等题项。第二部分是以家庭为调查单位，从生计方式、收入水平、居住条件、经济状况、生活状况等方面了解他们的生存现状。

二、数据收集

海南疍家人目前居住在三亚、海口、文昌、昌江、陵水 5 个地区，各个疍民集聚地的家庭户数及人口规模见表 4-1。为了保证数据的代表性和完备性，调查组对 11 个疍民集聚地进行了全样本调查，在每个集聚地按照疍民户数 10%的比例来进行随机抽样，并于 2017 年 7～9 月（休渔期）展开了实地到访入户调研。为保证调查结果准确可信，采取了由社区基层干部辅助，本村暑期放假的大学生当翻译和联络员的方式进行调查，调查组成员亲自入户与各个家庭主要成员进行一对一、面对面的沟通和交流，当面填写问卷。本次调查共发放问卷 600 份，经有效性检验，用于本书分析样本是 572 份。采用 SPSS24. 0 软件进行数据录入整理。

表 4-1　海南疍民家庭的调查抽样情况

所在地区	村落（社区）	疍民户数/户	调查户数/户
陵水	赤岭村	445	45
	新村	2078	208
昌江	新港村	500	50
文昌	铺鱼村	435	44
海口	捕捞村	350	35
	白沙门下村	240	24
三亚	南海社区	275	28
	榆港社区	638	64
	红沙社区	257	26
	藤海社区	644	65
	藤桥社区	78	8
合　计		5940	597

第二节　被调查者的基本情况分析

一、性别

本次调查中（如图 4-1 所示），男性（73%）比例大大高于女性（27%），一是因为本次研究设计是以家庭为调查和研究对象，要求问卷填写或回答对象为家庭户主或主要家庭成员，而家庭户主或主要家庭成员往往男性居多。二是因为本次调查时间专门选择了海南的禁海期，以渔业为生的疍民男性多数都闲暇在家休息。

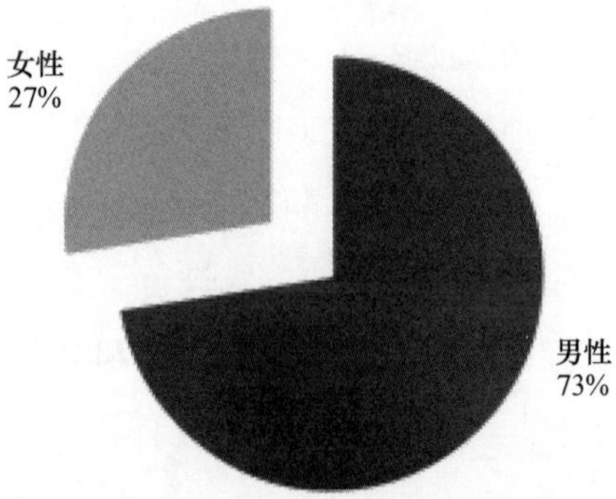

图 4-1　性别比例

二、年龄

本次调查中（如图 4-2 所示），没有 18 岁及以下的被调查者，这是基于调查设计要求，需要户主或主要家庭成员填写问卷，不调查未成年人。19～28 岁占 27.80%，29～38 岁占 41.60%，39～48 岁占 22.20%，49～58 岁占 7.40%，59 岁以上占 1.00%。从年龄结构来看，近 70%的被调查者年龄在 19～40 岁之间。主要原因是因为他们的受教育程度和理解能力更好，更有被访意愿。

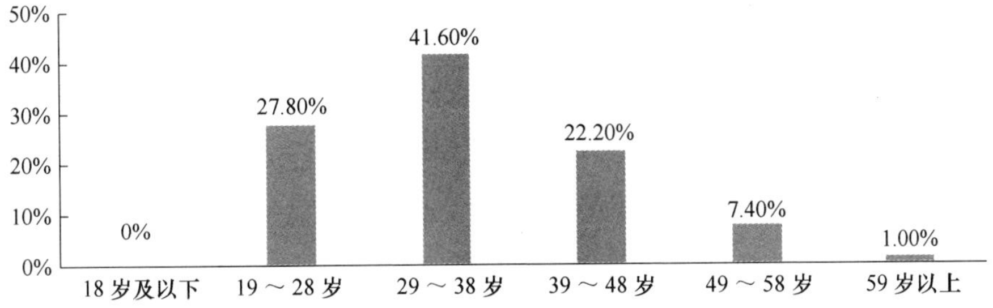

图 4-2　年龄结构占比

三、文化程度

文化程度方面（如图 4-3 所示），小学占 22.7%，初中占 51.4%，高中、中专、技校占 16.5%，大专及以上占 4.6%，认识很少字或不识字的占 4.8%。从调查结果可以看出，疍民的整体文化程度偏低。该数据是被调查者的情况，更多的是反映了 19～40 岁被调查者的文化水平，不能完全客观反映疍民的文化程度，而疍民文化程度的真实情况比这个水平还要低，因为很多不识字或识很少字的老一代疍民因为语言、文字、理解能力等多重沟通障碍，大部分都没有成为被调查者。

四、家庭人口规模

被调查家庭的人口规模（如图 4-4 所示），3 人及以下占 11.40%，4～6 人占 58.70%，7～10 人占 22.60%，10 人以上占 7.30%。调查发现，疍民家

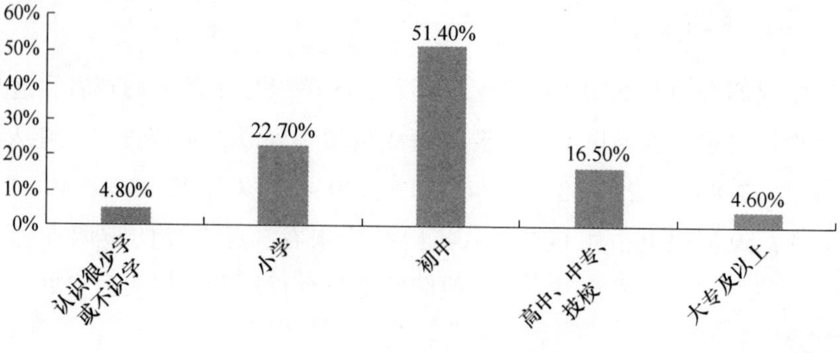

图 4-3　文化程度占比

庭人口规模比较大，一般都是三代同堂，甚至四代同堂，结婚后兄弟同住的情况也较为普遍。

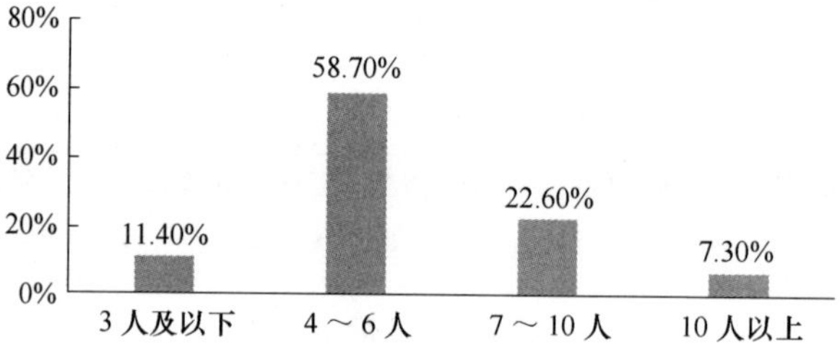

图 4-4　家庭人口规模占比

第三节　海南疍家人生存现状的描述性分析

一、生计情况

（一）生计方式

生计方式的调查统计结果显示（如图 4-5 所示），目前从事与海无关的其他工作的占 42.6%，从事近海捕捞的占 24.5%，从事海水养殖的占 16.5%，从事远海捕捞的占 6.2%，从事与海有关的其他营生占 10.2%。调查发现，城市化和国际旅游岛建设对疍民生计方式有重要影响，居住三亚市三亚港周边的疍民和居住在海口市海甸溪周边的疍民从事与海无关其他工作的比例明显要高得多，而从事与海有关工作的人群中，主要也是从事水产加工、水产贩卖、海鲜餐饮等，很少从事传统的海洋捕捞。原因一方面是受城市建设和旅游开发的影响，原来疍民停靠渔船的码头和港口被规划做其他用途，疍民渔船没有离家近的码头可以停靠，出海捕捞不方便。另一方面是海洋捕捞效益日益降低而工作辛苦程度相对较高，导致捕捞吸引力大大下降，转行其他生计方式的动力加强，而生活在城市使得他们的就业机会相对较多，放弃传统生计的阻力较小。而其他疍民集聚地，传统海洋捕捞依然是多数家庭生计的主要方式，在老一代疍民（1980 年以前出生）的就业群体中，多数从事海洋捕捞、海水养殖和其他与海有关的营生，主要还是从海里讨生活。而在新生代疍民（1980 年以后出生）的就业群体中，大部分都离海上岸，从事与海无关的其他职业。由于多数新生代疍民学历不高又没有其他的专业技能，他们多数进入的是零售、娱乐、餐饮、旅游、物流等行业，职业身份是服务员、售货员、保安、保洁、杂工等，工作岗位门槛低下，流动性大，稳定性差。很少有人进入房地产、金融、保险等需要高学历的行业，也很少有人从事高技能要求的工作。

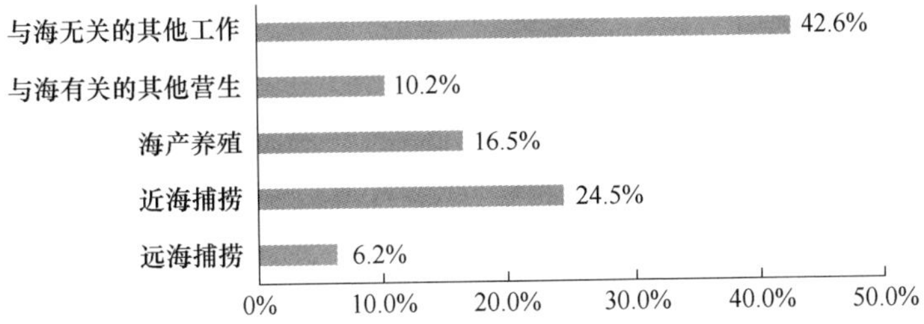

图 4-5 生计方式统计

（二）职业技能

家庭劳动成员就业调查的统计结果显示（如图 4-6 所示），在有工作和收入的家庭劳动成员中，关于海洋生存的具体技能（多选题），32. 7%的人会深海游泳与潜水，46. 2%的人会驾驶机动船，55. 7%的人会深海捕捞，22. 6%的人会海水养殖，38. 4%的人什么都不会。

关于海洋生存技能的掌握深度（如图 4-7 所示），26%的人很精通，45%的人较精通，29%的人会点皮毛。调查发现，七成的疍民工作群体精通一项或多项海洋生存技能，而海洋生存技能的掌握程度跟年龄有明显相关性，年

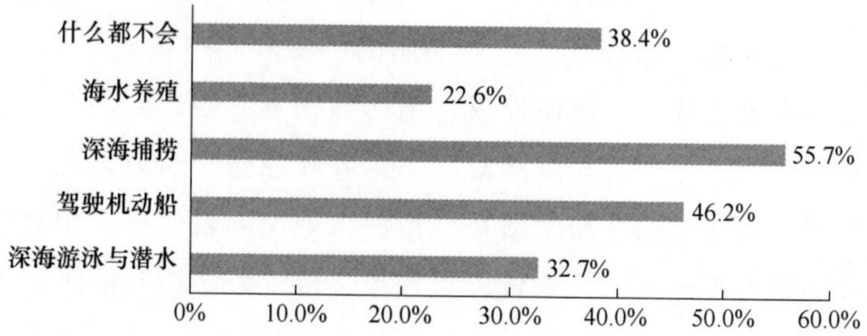

图 4-6　海洋生存技能的掌握广度

龄越大，掌握程度越好，年龄越小，掌握程度越差，25 岁以下的群体什么都不会的较多。

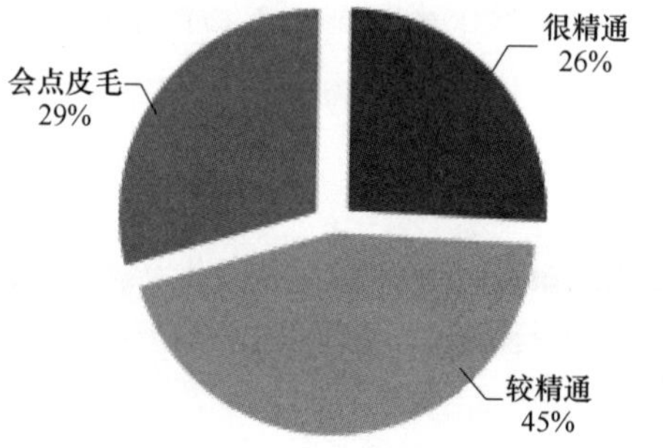

图 4-7　海洋生存技能的掌握深度

关于其他非海洋生存技能的掌握情况（多选题），调查结果显示（如图 4-8所示），67.4%的人什么都不会，11.7%的人会其他技能，剩下依次是厨师（8.3%）、室内装修（7.9%）、修理（6.7%）、美容美发（5.6%）、建造（5.4%）、焊工（3.7%）、电工（2.9%）、开货/客车（2.4%）。从统计结果看出，近七成的就业群体没有任何其他技能。

对于非海洋生存技能的掌握程度（如图 4-9 所示），34%的人较精通，7%的人很精通，59%的人会点皮毛。调查结果说明精通其他技能的人很少。这主要是因为老一代疍民精通的技能是捕捞，而中国的技能传承多数还是靠血缘、师徒等，在疍民的社交圈子里，很少有掌握其他技能的人，因此，传承和扩散很少很小。而政府也没有专门针对疍民年轻人职业转型进行技能培训扶持，多数人没有接受过任何技能培训。

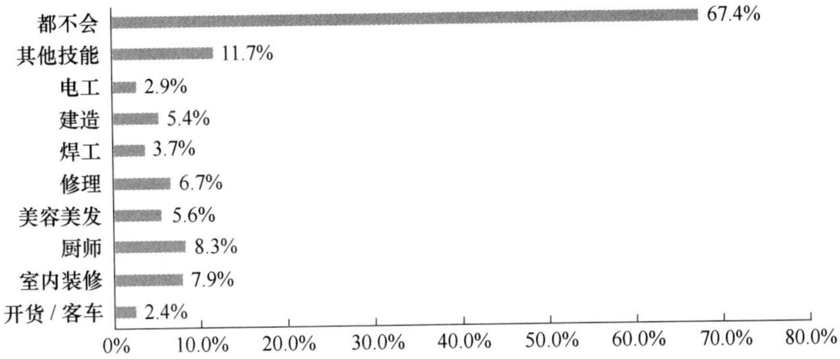

图 4-8 非海洋生存技能的掌握广度

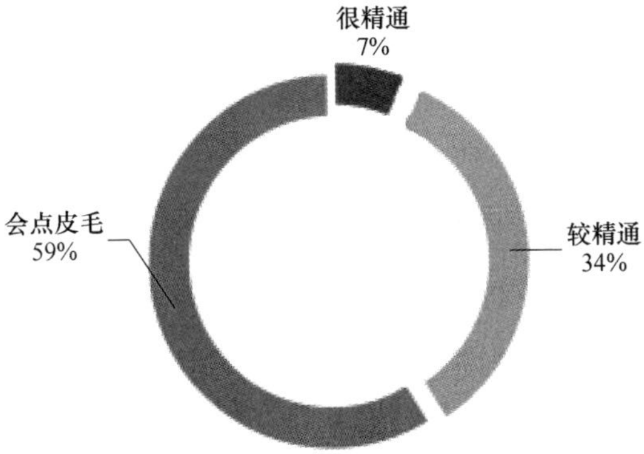

图 4-9 非海洋生存技能的掌握深度

二、收入情况

(一) 家庭有收入成员的月平均收入情况

关于家庭有收入成员的月平均收入情况（如图 4-10 所示），月平均收入在 1500 元以下的占 17%，1500~2500 元的占 44%，2600~4000 元的占 28%，4000 元以上的占 11%。在 2017 年海南省最低工资标准中，一类地区海口市、三亚市月最低工资标准调整为 1430 元，二类地区儋州市、琼海市月最低工资标准调整为 1330 元，三类地区月最低工资标准调整为 1280 元，适用于文昌市、陵水黎族自治县、昌江黎族自治县。疍民的月平均工资基本都在当地最低工资标准以上，但是收入在 2500 元以下的有 61%，收入水平不高。

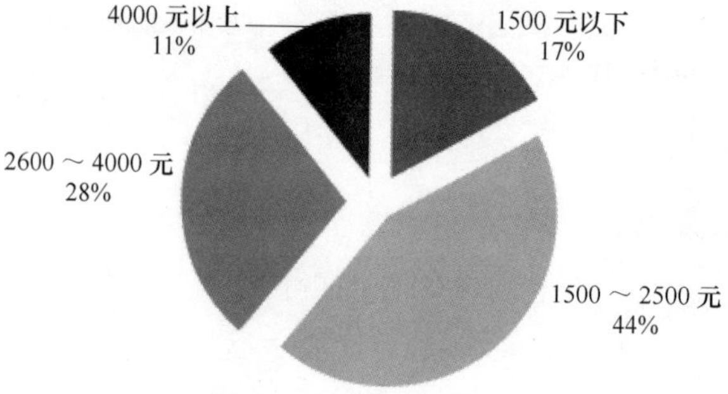

图 4-10　家庭有收入成员的月平均收入情况

（二）家庭年收入情况

按 2015 年最新中国家庭年收入等级划分（见表 4-2），分为低收入人群、中产阶级、富人群。海南疍民家庭年收入情况（见表 4-2），家庭年收入在 3 万元以下，处于穷人水平的占 8.6%；家庭年收入在 3 万~8 万元，处于低收入水平的占 45.2%，家庭年收入在 8 万~12 万元，处于初级小康水平的占 28.1%；家庭年收入在 12 万~20 万元，处于中级小康水平的占 9.6%；家庭年收入在 20 万~30 万元，处于高级小康的占 5.4%；家庭年收入在 30 万~100 万元的有钱人占 2.3%；年收入 100 万元以上的富豪占 0.8%。

表 4-2　中国家庭年收入等级划分及疍民家庭年收入情况

分类	低收入人群（8 万元以下）		中产阶级（8 万~100 万元）				富人群（100 万元以上）
细分	穷人	低收入	初级小康	中级小康	高级小康	有钱人	富豪
家庭年收入	低于 3 万	3 万~8 万元	8 万~12 万元	12 万~20 万元	20 万~30 万元	30 万~100 万元	100 万元以上
疍民家庭收入占比结果	8.6%	45.2%	28.1%	9.6%	5.4%	2.3%	0.8%

（三）家庭收入的主要来源

海南疍民家庭经济收入的主要来源（如图 4-11 所示）依然是渔业，占到一半以上（51.7%）的家庭生计靠以捕捞和养殖为主的渔业，其次是打工收入，占 35.8%，新生代疍民是打工的主体。

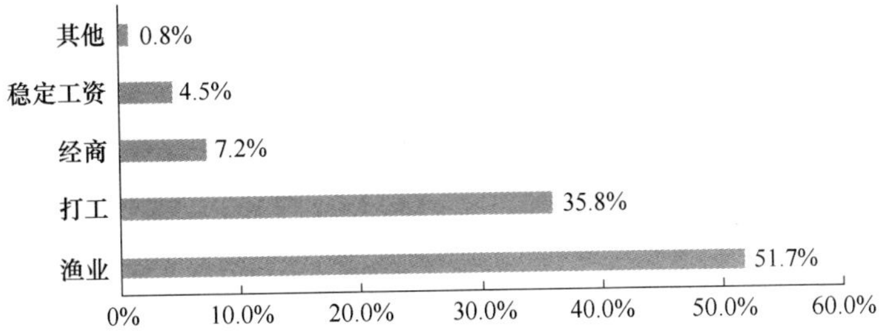

图 4-11 家庭收入的主要来源占比

（四）家庭收入的历史变化

从调查结果可以看出（如图 4-12 所示），8.7%的家庭收入和以前比大大变多，27.3%的家庭收入和以前比变多，32.4%的家庭收入和以前比没有变化，20.4%的家庭收入和以前比变少，11.2%的家庭收入和以前比大大变少。从总体情况来看，收入没变或变少的家庭占 64.0%，是绝大多数。调查发现，多数以渔业为主要家庭收入来源的家庭，由于渔业资源的枯竭，禁渔期不断延长，海水污染给海水养殖带来更大的风险，他们的渔业收入水平处于没变或变少的情况较多。收入变多，尤其是大大变多的基本都是来自非渔业收入家庭。

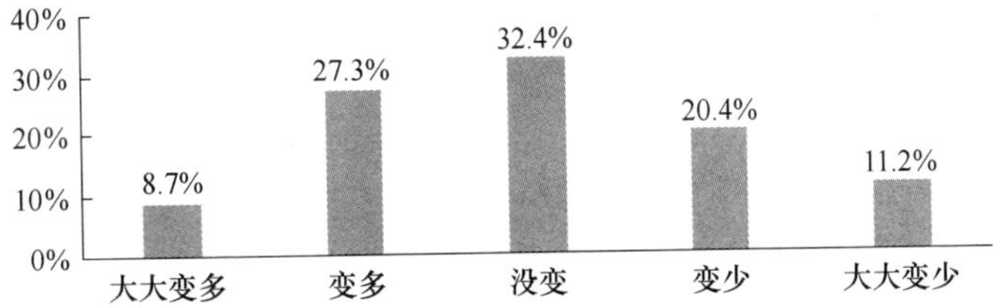

图 4-12 家庭收入的历史变化

（五）家庭收入的主观满意

家庭收入和期望比（如图 4-13 所示），只有 1.7%的家庭认为大大超过期望，2.5%的家庭认为超过期望，15.8%的家庭觉得和预期差不多，50.8%的家庭认为收入低于期望，29.2%的家庭觉得家庭收入远远低于期望。从结果可以看出，80%的家庭收入低于期望。

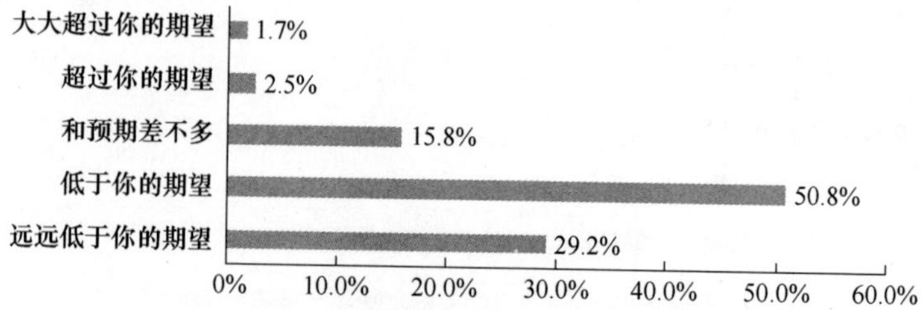

图 4-13　家庭收入是否符合预期

关于自认为属于社会的哪个阶层（如图 4-14 所示），30.5%的人认为自己是下层，38.3%的人认为是中下层，27.5%的人认为是中层，2.9%的人认为是中上层，0.8%的人认为是上层。

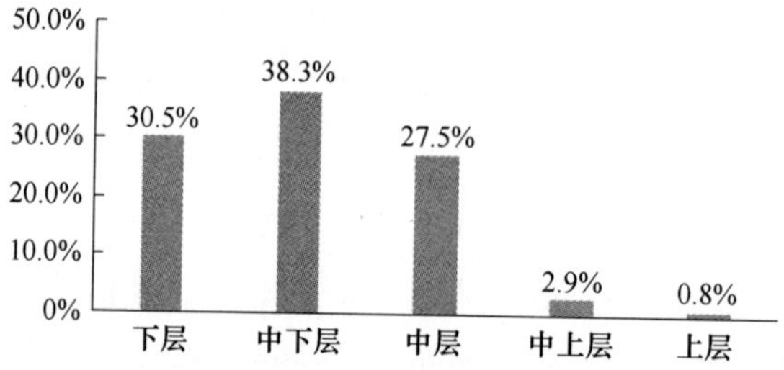

图 4-14　家庭收入的全社会比较

三、生活情况

（一）居住环境

（1）住房类型。调查结果显示（如图 4-15 所示），海南疍民现在基本都住楼房，以 2 层楼房为主，占到近一半（48%），其次是 1 层，占 24%。但是实际走访中发现，1 层楼房和老式房屋比例没有那么高，可能是有些房子建造的不是 1 层，但是是兄弟几人共有，每个家庭实际居住 1 层，所以，有些人填写问卷的时候填 1 层。3 层楼房占 16%，其次 4 层及以上楼房占 12%。

（2）房屋建筑面积调查结果显示（如图 4-16 所示），海南疍民现住的房屋宅基地建筑面积中 60~90 平方米的最多，占 57.3%，其次是 91~120 平方米的，占 22.1%，120 平方米以上的只有 9.2%，60 平方米以下的占 11.4%。这个宅基地建筑面积和海南当地的汉人村落、黎族村落比起来，算是很小。海南地广人稀，很多新房建造都占地 1 亩左右，占地 2 亩以上也是常见情况，

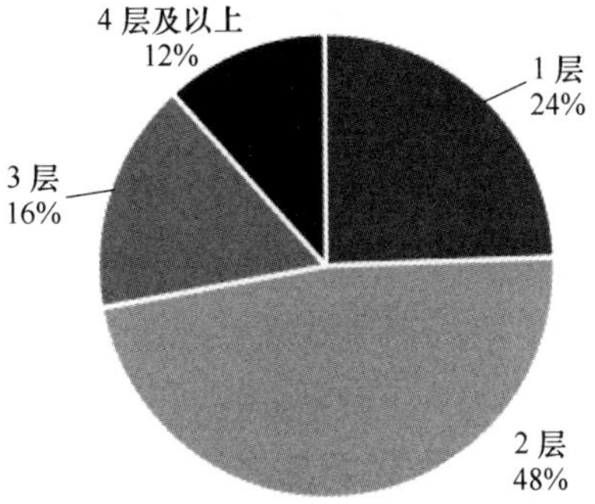

图 4-15　住房层数占比

因为这些陆上居民自己有土地，而海南除了三亚市、海口市及旅游开发规划区管控严格外，其他地方基本很少有村民。建房报批，都是自己决定建多大的房屋和院落。走访中发现，疍民现住的房屋宅基地，都是政府当年为了鼓励和安置生活在船上及窝棚里的疍民上岸定居，给统一规划划分的宅基地。不同的村落划分的面积不同，同一个村落不同的划分时期，面积也不同。有些疍民家庭在得到宅基地后由于家庭子女，尤其是儿子很多的，现在就面临没有地方盖房子的困境，几个兄弟挤在一个房子里，居住很拥挤。另外，还有一些疍民家庭由于以前一直保持船居，岸上的宅基地一直没有盖房子，因为投资买船，或投资建造渔排，或家庭遇到其他重大困难，而把宅基地卖掉的，现在在岸上就没有任何土地了。这些由于兄弟众多而没有住房用地，或是由于各种原因而把宅基地变卖后失去住房用地的家庭，在陵水新村镇海鸥、海鹰、海燕三村比较多。经居委会和渔排户多方证实，现在约有 500 户岸上没有寸土的家庭，他们住在渔排或渔船上，常年不上岸，遇到强台风时，政府把他们安置在村小学里寄住几天，台风后又回到渔排或渔船上。国际旅游岛建设使得海南的地价飞涨，包括农村宅基地，这使得没有土地的海南疍民越来越望土兴叹了。

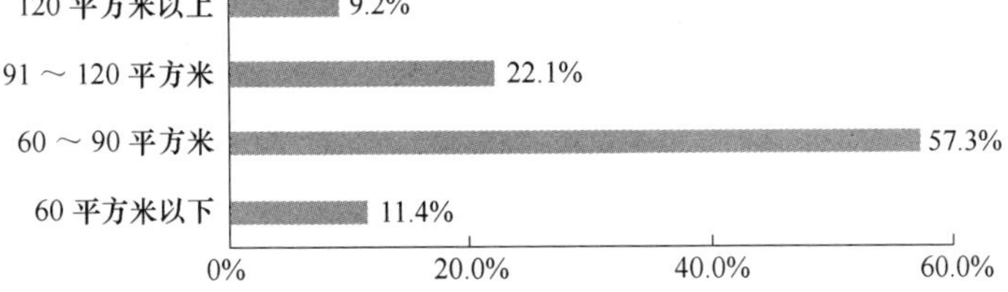

图 4-16　每层楼房的建筑面积占比

（3）房屋建设年份。调查结果显示（如图 4-17 所示），房屋在 5 年以内建设的占 16.4%，5~10 年建设的占 25.7%，11~20 年建设的占 34.0%，20 年以上建设的占 23.9%。总之，在近 10 年建新房的占了 4 成，10~20 年的占 3 成，而 20 年以上的房子占 2 成多。建设了 10 年以上的房子，房屋的室内规划布局都很简单，不科学，对厨房、卫生间等几乎没有合理规划。

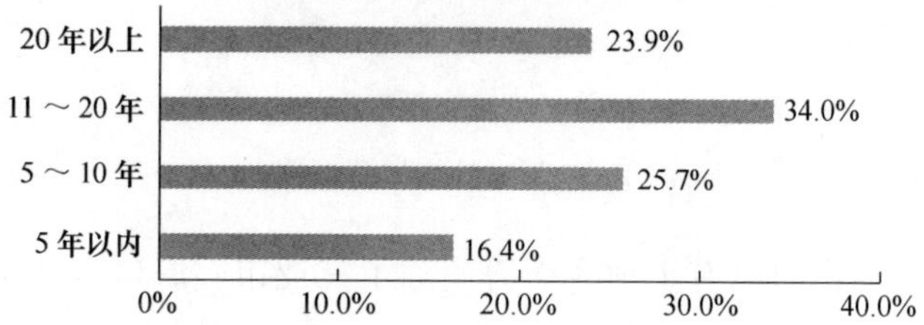

图 4-17　房屋的建设年份占比

（4）家庭重要设施水平。在家庭重要设施的调查结果中（如图 4-18 所示），电视的普及率最高（98.6%），其次是冰箱（91.4%）、空调（68.7%），洗衣机的普及率是 40.5%，家用电脑的普及率是 32.3%，家用轿车的普及率是 2.8%。调查和走访发现，疍民家庭几乎家家都有冰箱，但是却只有不到一半的家庭拥有洗衣机，可能是因为海南气候炎热，食材不容易存放，冰箱的实际使用意义和价值比较大，所以普及率很高。同样由于气候炎热，大家每天都要冲凉和洗衣服，衣服都很薄，比较好洗，洗衣机的作用没有那么凸显。另外因为天气热，空调的使用价值和普及率也相对较高。家用电脑多数在子女上学有需求的家庭中拥有，私家车的拥有率很低，但是以渔为主业的家庭家家都有一艘价值 10 万元左右的船只，用于捕捞作业。

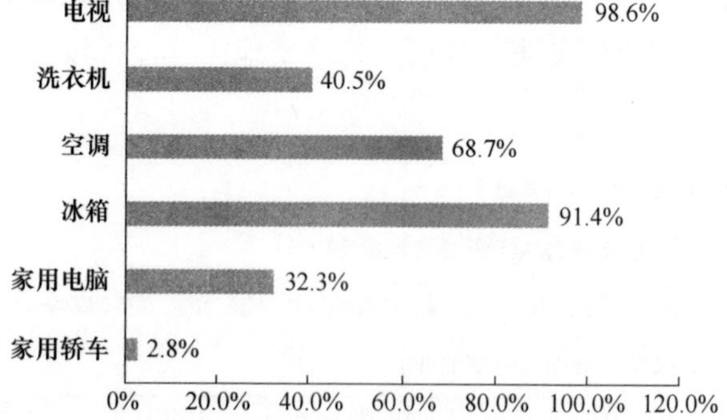

图 4-18　家庭重要设施拥有情况占比

（5）居住的外部环境设施。关于海南疍民的居住村落外部环境设施，走访调查发现，通往疍民居住村落（社区）的主干道路全是双车道水泥路或柏油路，有些处于旅游规划区的道路状况更好。家庭做饭普遍使用液化气和电磁炉等设备，几乎没有烧煤或柴的现象。村村都有自来水，用水很方便。村村都有生活垃圾回收的公共设施，由专人负责道路清扫，海湾海滩等卫生清理和维护工作。生活垃圾不能自己家里随便处理，目前很少见到自行烧垃圾和乱扔垃圾的现象。在三亚及其周边的疍民居住村落，卫生设施更齐全，卫生要求更严格，责任到户和人，街道和公共区域到处都一尘不染，非常整洁。这和海南国际旅游岛建设过程中，海南各级政府大力度的卫生整改措施有密切关系，更与疍民的卫生习惯有一定的关系，他们上岸之前住在船上，生活空间非常狭小，经常席地而坐、食、睡，所以习惯了杂物很少和一尘不染的地面。但是，多数村落的污水处理设施还很不完善，生活污水基本都是随便排放到海里，造成一定的海洋和海湾污染。

（二）休闲娱乐

（1）一年的闲暇时间。调查结果显示（如图 4-19 所示），多数海南疍民的闲暇时间很多。其中，1 年能休息一个月以下的占 16.5%，休息 2 个月左右的占 18.3%，而休息 3 个月左右的占 35.9%，休息 3 个月以上的占 29.3%。主要原因是以捕捞为主业的疍民，作业时间受政府休渔期禁止出海捕捞的政策影响很大。现在海南的休渔期是 3 个半月（5 月 1 日至 8 月 16 日），这 3 个半月多数以捕捞为业的疍民都得待在家里，随后也受台风天气等多类因素影响，不是总能出海，所以，有很多人一年有 4 个月以上时间闲暇在家。而休息时间较短的，都是疍民打工族，他们多数不能享受国家法定的双休和其他节假日休假待遇，闲暇时间较少。

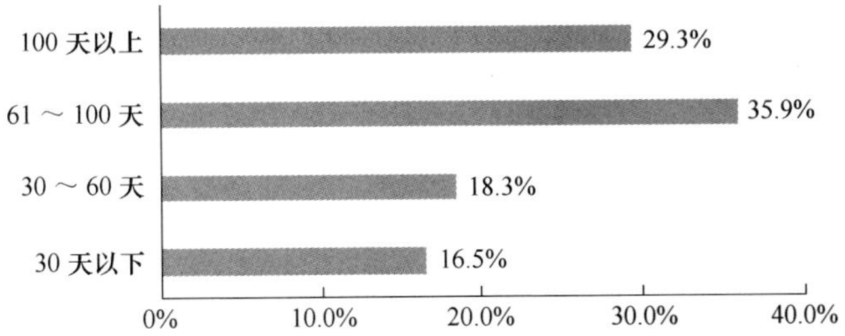

图 4-19　一年的闲暇时间占比

(2) 闲暇时经常参加的娱乐活动。关于闲暇时经常参加的娱乐活动（多选题），调查结果表明（如图 4-20 所示），最主要的休闲娱乐是喝茶（83.2%）和聊天（67.4%）。由于问卷调查期是休渔期，走访发现，在疍民家客厅，路边树荫下，大众茶馆里，到处都能看到一桌桌坐在一起喝茶聊天的男性疍民。看电视这个中国人最常见的娱乐方式，只排到了第三位，占59.5%。下面依次是朋友聚会（38.6%）、麻将棋牌（34.7%）、唱歌（15.2%）、跳舞（12.7%）、看电影（5.9%）、读书（1.7%）、吃糖水（0.0%）。走访各个村落时，除了看到喝茶的，另外就是看到打牌的，主要是纸牌，没有人打麻将，有输赢，输赢一上午 100 元以内，闲暇用来打发时间。选择朋友聚会、唱歌、跳舞来作为娱乐活动的多半是 30 岁以下的年轻人。另外，走访和问卷调查发现，疍民吃糖水这一传统休闲活动已经基本消失，问卷中没有人选择这一休闲娱乐活动。走访中发现，无论是城中村，还是农村，都没有看见经营疍家糖水的店铺。在三亚榆港村发现了唯一的一家经营疍家糖水的店铺，但是了解其详细经营内容才发现，他们主要也不是做传统的糖水和小吃内容，而是和现代冷饮店差不多。

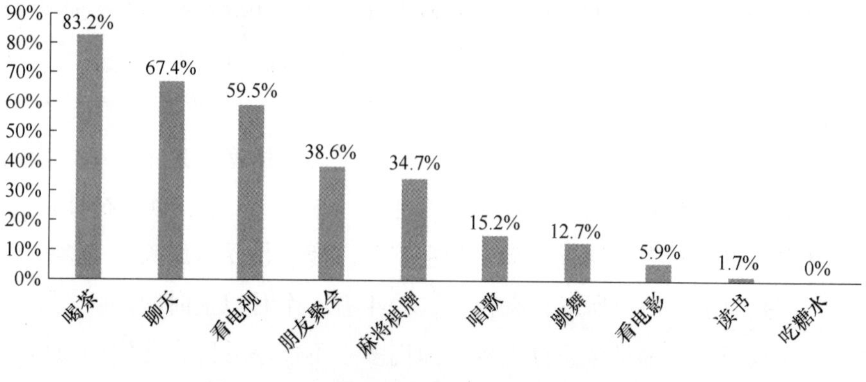

图 4-20　闲暇时经常参加的娱乐活动占比

四、消费情况

(一) 家庭总开支情况

关于家庭的年开支花费情况，调查结果（如图 4-21 所示）表明，家庭年消费支出在 3 万元以下的家庭占 24.7%，3 万~5 万元的家庭占 46.2%，6 万~8 万元的家庭占 19.4%，8 万元以上的家庭占 9.7%。总之，家庭年消费在5万元及以下的占7成，5万元以上的占3成。

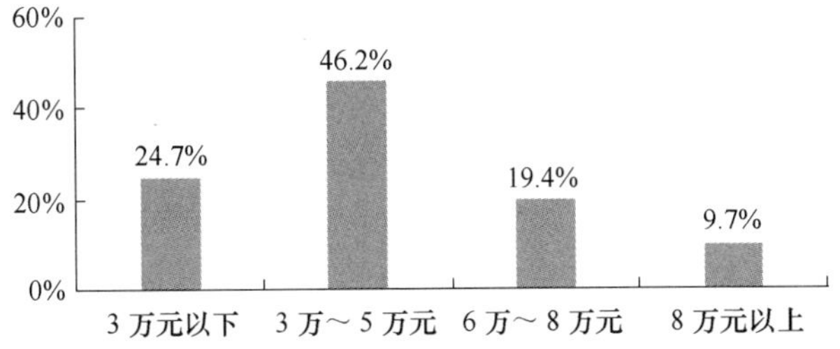

图4-21 家庭一年的总开支花费

（二）家庭消费支出结构

关于海南疍民家庭的8大类消费支出比例（如图4-22所示），食品的消费比重为52.4%，衣着为4.2%，家庭设备用品及服务为9.4%，交通通信为8.2%，医疗保健为4.6%，文化教育娱乐为11.7%，居住为6.7%，杂项商品服务为2.8%。从调查统计结果可以看出，食品的消费比重很高，远远高于国家2008年统计的我国农村居民家庭食品消费支出占家庭消费总支出的比重（43.7%）。而按照恩格尔系数这一国际上通用的衡量居民生活水平高低和家庭富足程度的重要指标，根据联合国粮农组织提出的标准，恩格尔系数在59%以上为贫困，50%~59%为温饱，40%~50%为小康，30%~40%为富裕，低于30%为最富裕。依照上述数据可以推断出海南疍民是处于温饱水平的群体。

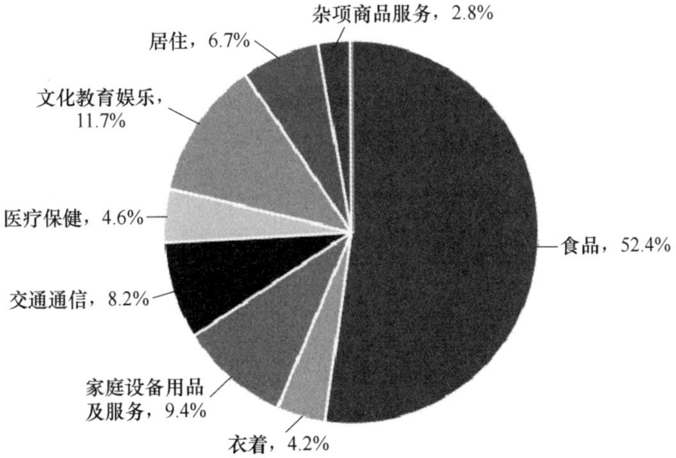

图4-22 家庭消费支出结构占比

在走访中也发现，几乎所有的疍民家庭都在抱怨物价贵，生活成本高得让他们无法接受。主要原因有：一方面因为疍民没有土地，自古以来除了鱼货，他们什么都得花钱买，粮油、蔬菜、其他肉类等都得花钱买，不像农民有田地，蔬菜、粮油多数都能自给自足，还能把剩余的变卖或饲养家禽家畜来享用肉食，购买的很少。另一方面是随着海南国际旅游岛建设，旅游地产的大规模开发，疍民生活的海湾很多都被卷入其中，外来度假的高端消费人群在相当程度上抬高了本地物价和消费水平。在走访中，一个红沙村疍民家庭主妇告诉我，他们喜欢喝汤，以前午餐一般会煮个汤，现在因为排骨 20 多块钱一斤，还要配点玉米、萝卜等配菜，随便煮个汤成本都是大几十块，现在家里很少煮汤了。陵水新村的疍民告诉我，现在什么都贵，连他们最爱吃的鱼现在都吃不起，以前卖几块钱一斤的鱼现在都得十几二十块一斤，外地来的有钱人多，他们不怕贵，不讲价，把价格都抬起来了。

（三）家庭经济负担和压力

对于家庭的经济负担和压力（如图 4-23 所示），感到非常不满意的占 3.3%，不满意的占 25%，一般的占 62.1%，满意的占 7.8%，非常满意的占 1.8%，从统计结果可以看出，处于满意以上水平的不足 10%，其余 90%都是在一般及以下水平。他们的家庭经济负担和压力随着渔业效率的降低，当地物价和房价水平的大幅度提升而越来越大，负面感知明显。

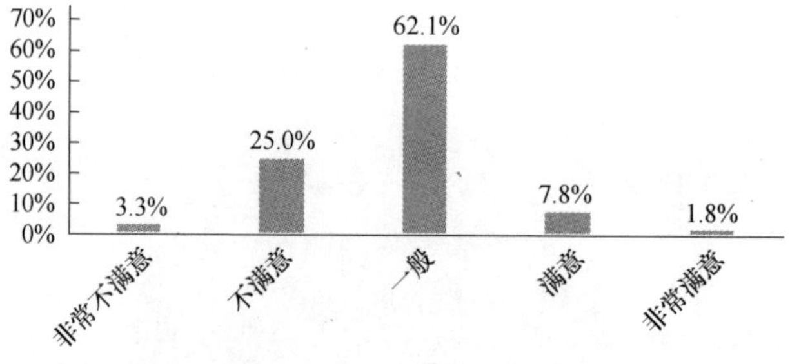

图 4-23　对家庭的经济负担和压力的满意度

小　　结

海南疍民作为汉族的特殊民系，主要的生存大环境是水，他们海上劳作，港湾栖息，生产和生活都高度依赖海洋。由于工业化捕捞，渔业资源枯竭，同时疍民在海岸庄旅游开发进程中被逐渐边缘化，疍民的海上生产收益明显下降，岸上生活空间受到挤压，生存环境明显恶化。在生计方面，目前一半以上的海南疍民家庭依然靠以捕捞和养殖为主的渔业为生，而且海洋捕捞随着人工、燃料等成本提升和渔业资源枯竭等问题而导致风险大幅度提升，收益大幅度下降。疍民海洋生存技能的掌握程度跟年龄有明显相关性，年龄越大，掌握程度越好。新生代疍民很多已经离开海洋，在岸上打工，但是却面临没有高学历和强技能，从而没有高收入和职业生涯迷茫等困境。在收入方面，疍民家庭的绝对收入上升不明显，相对收入随着当地物价、房价等快速上涨而成相对下降趋势。在生活方面，因为没有土地，居住相对拥挤，对生活住房的满意度较低。而又因为旅游开发等因素，他们生活的周边配套设施总体良好。在消费方面，疍民家庭一半以上的开支都是用来糊口，而且饮食也因为物价提升而降低标准，几乎所有疍民都对当地房价、地价、物价快速提升带来的高消费有很强的负面感知。

参考文献

[1] 黄向春．从疍民研究看中国民族史与族群研究的百年探索［J］．广西民族研究，2008，94（4）：55~65.

[2] 何国强，温士贤．伍锐麟华南社会调查回顾［J］．五邑大学学报（社会科学版），2009，11（2）：1~5.

[3] 刘莉．海南疍家的陆地印记：从食槟榔习俗谈起［J］．广西民族大学学报（哲学社会科学版）2014，36（5）：70~74.

[4] 蔡银莺，朱兰兰．生计资产差异对农民生活满意度的影响分析——以成都市双流县和崇州市为例［J］．华中农业大学学报（社会科学版），2015，115（1）：30~38.

[5] 胡荣华，陈琰．农村居民生活满意度统计分析——以江苏为例［J］．中国农村经济，2012（1）：80~91.

第五章　海南疍家人的生活质量评价

生活质量是人们对生活水平的全面评价[1]，是民生的具体体现[2]。生活质量涵盖物质和精神两个层面，可以分为客观生活质量和主观生活质量[3]。客观生活质量强调客观物质基础，能够客观地反映人们的基本物质生活状况[4]。主观生活质量强调主观生活感受，能够更准确地反映人们对生活状况的评价和感知[5]。因此，把客观生活质量和主观生活质量有机结合起来，综合考虑主客观因素，能更好、更准确、全面地反映生活质量的真实情况[6,7]。由于对生活质量的理解和界定不同，学者们采用的生活质量评价方法也分为主观评价法[8~17]、客观评价法[18]和主客观相结合评价法[19~21]三种，不同的评价方法，评价指标体系在选择和计量上差异较大。

第一节　疍家人生活质量评价指标体系

一、评价指标体系的构建

生活质量评价指标的选取是侧重主观还是客观，主要看评价对象或区域的经济与社会发展水平，常见的有效方式是评价对象是发达区域或富裕群体时，更侧重主观评价，而反之，则侧重于客观评价。海南疍民随着居住地的不同而富裕程度差异较大，为了更好地反映他们的客观现实状况，以及对现实生活的心理满足程度，在借鉴诸多已有研究成果的基础上，对社区基层管理干部，疍民家庭进行深度访谈，充分了解疍民生活现状，并与专家商定，在预调查后修改完善，最后构建了评价海南疍民生活质量的主客观指标体系（见表5-1）。

表 5-1 海南疍民生活质量评价指标层次图

目标层	领域层	指标层				
		客观指标	指标性质	单位	数据获得和计算方式	主观指标
疍民综合生活质量	居住	人均住房面积	正	平方米/人	家庭住房总面积/家庭人口数（问卷）	家庭住房满意度
		信息化水平	正	—	0.2×每百户彩色电视机拥有量+0.35×每百户移动电话拥有量+0.45×每百户电脑拥有量（问卷）	家庭内部重要设施满意度
		自来水饮用率	正	%	来自社区居委会	水、电、交通等设施满意度
		液化气使用率	正	%	来自社区居委会	
	经济	家庭人均年收入	正	元/人	家庭年收入/家庭人口数（问卷）	家庭收入满意度
		家庭人均年消费支出	正	元/人	家庭年消费支出/家庭人口数（问卷）	家庭负担和压力满意度
		恩格尔系数	逆	%	食品消费额/生活消费总额×100%（问卷）	
	生活	年闲暇时间天数	正	天/人	（问卷）	工作辛苦程度满意度
		医疗保健支出占生活消费支出的比重	正	%	医疗保健支出/生活消费支出×100%（问卷）	自身健康满意度
		人均受教育年限	正	年	（问卷）	教育设施及条件满意度
		教育支出占生活消费支出的比重	正	%	教育支出/生活消费支出×100%（问卷）	
		刑事案件发案率	逆	%	来自社区居委会	社区治安满意度
	社会	人均自然灾害救济费	正	元/人	来自社区居委会	社会保障和政策受惠满意度
		渔业燃油船均补贴费	正	元/人	来自社区居委会	
		新型农村合作医疗保险覆盖率	正	元/人	来自社区居委会	
		污水处理率	正	%	来自社区居委会	社区环境污染与治理满意度
		垃圾处理率	正	%	来自社区居委会	

注：引自《中国农村统计年鉴》的指标解释和计算方式。

二、评价指标体系的具体阐释

为了更清晰地了解指标体系，对各领域层所选的主客观指标对应方式，客观指标的性质、统计单位、数据获得途径和计算方法（口径）做了简要阐释和专门界定（见表5-1）。该评价指标体系分为3个层次，第一层目标层是疍民综合生活质量；第二层是领域层，包括居住、经济、生活、社会4个领域；第三层是指标层，分客观生活质量评价指标和主观生活质量评价指标，共计28个，其中客观生活质量指标17个，主观生活质量指标11个。在17个客观指标中，刑事案件发案率和恩格尔系数2个是逆向指标，其他15个均为正向指标。为了最终的评价结果更科学，采用主客观相结合的评价方法。

居住领域，包括人均住房面积、信息化水平、自来水饮用率、液化气使用率4个客观指标和家庭住房满意度、家庭内部重要设施满意度，水、电、交通等设施满意度3个主观指标。其中，客观指标人均住房面积对应主观指标家庭住房满意度，客观指标信息化水平对应家庭内部重要设施满意度，客观指标自来水饮用率、液化气使用率对应主观指标水、电、交通等设施满意度。经济领域，包括家庭人均年收入、家庭人均年消费支出、恩格尔系数3个客观指标和家庭收入满意度、家庭负担和压力满意度2个主观指标。其中，客观指标家庭人均年收入对应主观指标家庭收入满意度，客观指标家庭人均年消费支出、恩格尔系数对应主观指标家庭负担和压力满意度。生活领域，包括年闲暇时间天数、医疗保健支出占生活消费支出的比重、人均受教育年限、教育支出占生活消费支出的比重、刑事案件发案率5个客观指标和工作辛苦程度满意度、自身健康满意度、教育设施及条件满意度、社区治安满意度4个主观指标。其中，客观指标年闲暇时间天数对应主观指标工作辛苦程度满意度，客观指标医疗保健支出占生活消费支出的比重对应主观指标自身健康满意度，客观指标人均受教育年限、教育支出占生活消费支出的比重对应主观指标教育设施及条件满意度，客观指标刑事案件发案率对应主观指标社区治安满意度。社会领域，包括人均自然灾害救济费、渔业燃油船均补贴费、新型农村合作医疗保险覆盖率、污水处理率、垃圾处理率5个客观指标和社会保障和政策受惠满意度、社区环境污染与治理满意度2个主观指标。

用于做统计分析的数据都是通过调查得到的一手资料。客观指标的原始数据一部分来自课题组的疍民家庭问卷调查统计与计算结果，具体的指标设置与计算主要参考的是《中国农村统计年鉴》的指标解释和计算方式，另一部分来自各个社区居委会提供的数据。主观评价数据的收集采用李克特5级量表，对各个主观评价指标从非常不满意、不满意、一般、满意、非常满意分别用 1、2、3、4、5 赋值。

三、评价指标体系的权重确定

采用 AHP 方法，通过专家评估各项指标的相对重要性，构建判断矩阵，然后进行运算，计算指标权重及一致性检验，结果见表 5-2。

表 5-2 疍民生活质量评价指标的权重体系

领域层	权重	客观指标层	权重	主观指标层	权重
居住	0.2619	人均住房面积	0.4417	家庭住房满意度	0.4417
		信息化水平	0.3563	家庭内部重要设施满意度	0.3563
		自来水饮用率	0.1010	水、电、交通等设施满意度	0.2020
		液化气使用率	0.1010		
经济	0.3723	家庭人均年收入	0.6039	家庭收入满意度	0.6039
		家庭人均年消费支出	0.2316	家庭负担和压力满意度	0.3961
		恩格尔系数	0.1645		
生活	0.2135	年闲暇时间天数	0.2171	工作辛苦程度满意度	0.2171
		医疗保健支出占生活消费支出的比重	0.3011	自身健康满意度	0.3011
		人均受教育年限	0.2267	教育设施及条件满意度	0.3418
		教育支出占生活消费支出的比重	0.1151		
		刑事案件发案率	0.1400	社区治安满意度	0.1400
社会	0.1523	人均自然灾害救济费	0.1603	社会保障和政策受惠满意度	0.6859
		渔业燃油船均补贴费	0.3379		
		新型农村合作医疗保险覆盖率	0.1877		
		污水处理率	0.1328	社区环境污染与治理满意度	0.3141
		垃圾处理率	0.1813		

第二节 数据的有效性检验及无量纲处理

一、信度效度检验

为保证调查问卷数据的效度，首先邀请相关领域专家帮助筛选和补充评价指标，然后进行预调查，并根据预调查反馈的结果，对问卷进行两轮修订，最后定下问卷内容，因此可以认为问卷具有较好的内容效度。在信度方面，对主观满意度量表进行了克隆巴赫信度系数 α 检验。满意度感知量表总体信度系数 α 为 0.904，居住、经济、生活、社会 4 个领域的信度系数分别为 0.857、0.912、0.945、0.830。多数学者认为，α 最好在 0.8 以上，若低于 0.7，则应考虑重新修订量表。因此，该满意度量表具有良好的内部一致性。

二、数据无量纲处理

（一）客观评价指标的无量纲处理

采用极值法对 17 个客观评价指标的原始数据进行无量纲处理。在进行无量纲处理时，把 15 个正指标和 2 个逆指标区别对待，它们的无量纲数据处理计算公式如下：

正向指标采用公式：$V_{ij}=X_{ij}-X_{i\min}/X_{i\max}-X_{i\min}$，当 X_{ij} 为正向指标时，指标值越大，效用值越高；

逆向指标采用公式：$V_{ij}=X_{i\max}-X_{ij}/X_{i\max}-X_{i\min}$，当 X_{ij} 为负向指标时，指标值越大，效用值越低。

其中，X_{ij} 表示第 i 个评价指标在第 j 个标本村落的原始数据；$X_{i\max}$ 表示样本村落第 i 个评价指标的原始数据最大值；$X_{i\min}$ 表示样本村落第 i 个评价指标的原始数据最小值；V_{ij} 表示第 i 个评价指标在第 j 个村落的指标效用值。

为方便起见，将指标效用值乘以 100 最后转化为［0，100］取值区间，即评价指标最大值为 100，最小值为 0，并且具有相对数性质，最终得到的转化结果见表 5-3。

表 5-3　客观生活质量评价指标的无量纲处理结果

客观指标	指标效用值											权重
	红沙村	榆港村	南海村	滕海村	藤桥村	赤岭村	新村	铺鱼村	捕捞村	白沙门下村	新港村	
人均住房面积	29	84	64	53	11	46	0	18	71	100	34	0.4417
信息化水平	72	100	85	68	47	50	78	59	75	83	0	0.3563
自来水饮用率	100	100	100	100	100	100	100	100	100	100	100	0.1010
液化气使用率	100	100	100	100	100	100	100	100	100	100	100	0.1010

续表 5-3

客观指标	指标效用值											权重
	红沙村	榆港村	南海村	滕海村	藤桥村	赤岭村	新村	铺鱼村	捕捞村	白沙门下村	新港村	
家庭人均年收入	75	100	81	59	35	44	83	29	67	78	0	0. 6039
家庭人均年消费支出	70	100	83	61	47	65	74	24	69	79	0	0. 2316
恩格尔系数	49	100	68	61	37	0	53	46	53	75	39	0. 1645
年闲暇时间天数	28	0	32	70	85	79	63	90	57	35	100	0. 2171
医疗保健支出占生活消费支出的比重	68	75	63	56	59	0	50	60	74	100	43	0. 3011
人均受教育年限	71	100	79	66	60	78	81	89	83	92	0	0. 2267
教育支出占生活消费支出的比重	89	100	81	54	0	35	63	68	83	88	39	0. 1151
刑事案件发案率	36	47	39	72	84	81	63	93	81	89	100	0. 1400
人均自然灾害救济费	42	42	42	60	60	60	100	60	60	0	60	0. 1603
渔业燃油船均补贴费	15	15	15	60	60	60	100	60	60	0	60	0. 3379
新型农村合作医疗保险覆盖率	0	68	30	85	75	80	60	85	75	40	100	0. 1877
污水处理率	100	100	100	0	0	0	0	0	100	100	0	0. 1328
垃圾处理率	100	100	100	100	0	0	70	0	100	100	0	0. 1813

（二）主观评价指标的无量纲处理

11 个反应疍民生活质量的主观评价指标均为分类指标，分类指标的指标值虽然不表示绝对水平，但是仍然能够反映生活质量的高低。因此，采用直接赋分值的方法，将指标值转化成 0～100 之间的得分，具体赋分标准如下：生活满意度量表中的非常不满意（0 分），不满意（25 分），一般（50 分），满意（75 分），非常满意（100 分）。先统计出各个村落在 11 个主观指标上的满意度调查结果，然后，用统计结果乘以赋分标准，再将 5 个刻度的结果加总，最终结果就是该疍民村落在该项指标上的最终效用值（见表 5-4）。

表 5-4　主观生活质量评价指标的无量纲处理结果

客观指标	指标效用值											权重
	红沙村	榆港村	南海村	滕海村	藤桥村	赤岭村	新村	铺鱼村	捕捞村	白沙门下村	新港村	
家庭住房满意度	36	72	45	64	41	52	46	56	70	82	62	0. 4417
家庭内部重要设施满意度	52	87	67	79	50	63	55	69	73	80	71	0. 3563
水、电、交通等设施满意度	78	74	75	70	64	59	67	54	73	85	50	0. 2020
家庭收入满意度	25	58	37	47	29	34	51	39	48	62	45	0. 6039
家庭负担和压力满意度	41	67	45	54	39	45	50	47	62	68	57	0. 3961
工作辛苦程度满意度	62	48	59	79	81	83	76	85	78	64	87	0. 2171
自身健康满意度	73	67	71	74	79	77	81	75	78	73	80	0. 3011
教育设施及条件满意度	80	74	81	67	64	62	70	68	78	83	54	0. 3418
社区治安满意度	46	53	49	64	73	66	71	73	69	75	78	0. 1400
社会保障和政策受惠满意度	32	51	35	45	54	47	38	49	39	53	59	0. 6859
社区环境污染与治理满意度	38	63	51	67	59	53	35	32	48	75	60	0. 3141

第三节　海南疍民生活质量的主客观评价

首先，用相互独立的主客观指标体系分别计算客观生活质量指数和主观生活质量指数。然后，对评价结果进行排序和比较。

一、客观生活质量评价结果

用各客观评价指标的效用值乘以其对应权重，先分别计算出被评价村落疍民客观生活质量的 4 个分类指数。再用分类指数结果乘以其对应权重，得出各个村落疍民生活质量的客观综合评价结果。

计算公式如下：$F_j=\sum_{j=1}^{n}(W_i\times V_{ij})$。其中，$F_j$ 为第 j 个村落疍民客观生活质量的综合评价；W_i 为第 i 个评价指标的权重；V_{ij}表示第 j 村落第 i 个评价指标的效用值；n 为评价指标的个数。

从海南疍民客观生活质量评价结果发现（见表 5-5），总体客观指数排名前 4 的村落是榆港村、白沙门下村、捕捞村、南海村，集中在三亚和海口市区的城中疍民村，排名最后的新港村属于远离城市和旅游开发区的偏远村镇。从总体情况看，越靠近市区或开发区的疍民村落，客观生活质量越高，反之越低。

表 5-5 海南疍民生活质量的客观评价结果及排序

村落	客观指数	排序	分类指数							
			居住		经济		生活		社会	
			结果	排序	结果	排序	结果	排序	结果	排序
红沙村	60	7	59	6	70	5	58	9	43	10
榆港村	84	1	93	2	100	1	63	4	56	4
南海村	70	3	79	3	79	2	59	8	49	5
滕海村	63	6	68	5	60	7	63	4	64	3
藤桥村	45	10	42	10	38	9	62	7	44	9
赤岭村	48	8	58	7	42	8	50	11	45	8
新村	66	5	48	9	76	4	63	4	74	2
铺鱼村	48	8	49	8	31	10	79	2	46	7
捕捞村	70	3	78	4	65	6	65	3	75	1
白沙门下村	77	2	94	1	78	3	81	1	39	11
新港村	30	11	35	11	6	11	53	10	49	5

居住分类客观指数中，白沙门下村、榆港村、南海村是排名前三的高值村落，新港村、藤桥村和新村是排名后三的低值村落。三个居住高值村落都是城中村，他们一般都是自建的 6 层左右楼房，自住一两层，剩余房屋出租获取收益，随着海南房价地价快速上涨，他们的房租收益越来越高。而低值村落如新港村、藤桥村一般是自建 1~2 层楼房，大规模人口家庭的人均住房面积较小，家庭的信息化水平也明显低于城中村。低值村落新村有 1000 多户疍民养殖户住在渔排上，岸上没有房屋和宅基地，这些岸上没有寸土的疍民都是一家人蜗居在 20 平方米左右的渔排简易房里。

经济分类客观指数中，排名前三的高值村落是榆港村、南海村、白沙门下村，低值村落是新港村、铺鱼村、藤桥村。高值村落中，从事传统渔业捕捞或养殖的家庭目前很少，多数都是从事与渔业相关的其他行业如水产贩卖、海鲜餐饮等，或者与渔业完全无关的行业，他们多数借助城市发展中的更多工作和创业机会早早完成职业转型，并有相对稳定可观的家庭收入。而低值村落中，多数都还是从事传统渔业捕捞，并且都是小渔船近海捕捞，风险小，收益少。

生活分类客观指数中，排名靠前的高值村落是白沙门下村、铺鱼村、捕捞村，排名靠后的低值村落是赤岭村和新港村。高值村落都在海南岛北部，位于海口城区及附近，他们的教育、医疗、社会治安情况明显比海南岛南部要好。低值村落的教育、医疗等基础设施和条件明显相对落后。

社会分类客观指数中，排名靠前的高值村落是捕捞村、新村、滕海村，排名靠后的低值村落是白沙门下村、红沙村。高值村落的特点是靠近城区或开发区，污水和垃圾处理接近城市水平，同时这些村落依然以捕捞为主业并且拥有的大船数量相对较多，而政府的渔业相关补贴，如人均自然灾害救济费和渔业燃油船均补贴费都跟渔船数量和规模正相关。低值村落是已经不再从事捕捞的两个城中村，他们没有渔船，也就不再享受相关渔业政策。

二、主观生活质量评价结果

用和客观评价同样的计算方法，先算出主观分类指数，再算出综合结果。从海南疍民主观生活质量评价结果发现（见表5-6），各村主观生活质量综合指数的最终结果都低于75（比较满意），说明海南疍民生活总体满意度水平不高，11个村落都没有达到比较满意或以上水平。其中，红沙村、藤桥村2个村落的评价结果在50（一般）以下，处于比较不满意水平。南海村、赤岭村、新村、铺鱼村的评价结果都在50出头，处于一般水平。

表5-6 海南疍民生活质量的主观评价结果及排序

村落	主观指数	排序	分类指数							
			居住		经济		生活		社会	
			结果	排序	结果	排序	结果	排序	结果	排序
红沙村	45	11	50	10	31	11	69	9	34	11
榆港村	65	2	78	2	62	2	63	11	55	4

续表 5-6

村落	主观指数	排序	分类指数							
			居住		经济		生活		社会	
			结果	排序	结果	排序	结果	排序	结果	排序
南海村	51	9	59	7	40	8	69	9	40	9
滕海村	61	4	71	4	50	5	73	5	52	5
藤桥村	49	10	49	11	33	10	73	5	56	3
赤岭村	52	8	57	8	38	9	72	7	49	6
新村	55	6	53	9	51	4	75	2	37	10
铺鱼村	54	7	60	6	42	7	74	4	44	7
捕捞村	62	3	72	3	54	3	77	1	42	8
白沙门下村	70	1	82	1	64	1	75	2	60	1
新港村	59	5	63	5	50	5	72	7	59	2

从主观生活质量的分类指数统计结果发现（见表5-6），居住指数中，白沙门下村、榆港村达到了比较满意以上水平，滕海村、捕捞村接近比较满意水平，其他村落都是处于一般和略高于一般水平。经济指数中，处于不满意水平的有红沙村、南海村、藤桥村、赤岭村、铺鱼村 5 个村落，差不多占一半。一般水平的有滕海村、新村、捕捞村、新港村 4 个村落，占三分之一。生活指数中，全部村落都达到或接近比较满意水平，没有一般水平以下的村落。社会指数中，没有达到满意水平及以上的村落，红沙村、南海村、赤岭村、新村、铺鱼村、捕捞村共 6 个村落处于一般水平以下，其他 5 个村落处于一般或略高于一般的水平。

三、主客观评价差异对比分析

通过对海南疍民的主客观生活质量指数比较发现（见表 5-5 和表 5-6），主观生活质量总体指数排名前三的高值村落与客观一致，而排名靠后的低值村落红沙村、藤桥村、南海村与客观出现了较大差异，并表现出越靠近三亚城区主观满意度越低，越远离满意度反而偏高的现象。原因可能是他们在拿自己的生活质量与周边陆上居民和外地来琼度假的高消费人群等比较，从而产生的主观感知落差。

主客观评价的分类指数结果基本一致，出现较大差异的村落有红沙村和新港村。其中，红沙村的主观评价结果多数低于或大大低于客观情况排名，原因可能是红沙村处于三亚大东海旅游圈，与周围繁华的商圈比较起来，疍民村落显得落后破旧。而新港村的主观评价结果多数都高于或远高于客观情况排名，可能因为新港村地处昌江地区，旅游和地产业等都较不发达，新港村与周边的其他村落比较起来差距不是很大，所以虽然在疍民村落中客观生活质量各分类指标较差的新港村，主观满意度排名却较靠前。

小　结

以海南全岛的疍民家庭为研究对象，通过大面积问卷调查和访谈，了解和评价海南疍民的主客观生活质量及差异，并通过对 4 个领域的 17 个客观生活条件的调查统计分析和评价了解其客观生活质量，然后再对相同 4 个领域的 11 个与客观对应的主观生活满意度的调查分析来了解其对主观生活质量的感知，最后将其结果进行对比分析，以了解他们真实生活状况及主观感受，为相关的民生工程提供一定参考依据。研究表明：(1) 海南疍民的客观生活质量出现明显的城乡差异，居住地越靠近城区或开发区，居住、经济和生活条件越好，客观生活质量水平越高，越远离城区或开发区，各方面客观条件越差，客观生活质量水平越低。(2) 海南疍民的主观生活质量总体水平不高，尤其是因缺陆上土地给居住带来的问题，和因渔业效益降低给家庭生计和收入带来的问题明显，对应的主观满意度也最低。(3) 海南疍民的主客观生活质量评价结果出现背离，居住越靠近城区或开发区居住的疍民，客观生活质量水平越高，但是主观生活满意度却越低。反之，居住越远离城区或开发区的疍民，客观生活质量水平越低，但是主观生活满意度却越高。

参 考 文 献

[1] 加尔布雷斯. 富裕社会 [M]. 北京：商务印书馆，1997.

[2] 周绍杰，王洪川，苏杨. 中国人如何能有更高水平的幸福感——基于中国民生指数调查 [J]. 管理世界，2015 (6)：8~21.

[3] Joseph Stiglitz，Amartya Sen，Jean Paul Fitoussi. Mis-measuring Our Lives：Why the GDP Doesn't Add Up [M]. New York：The New Press，2010.

[4] 冯立天. 中国人口生活质量研究 [M]. 北京：北京经济学院出版社，1992.

[5] 林南，卢汉龙．生活质量的结构与指标［J］．社会学研究，1987，(6)：73~89.

[6] 卢淑华，韦鲁英．生活指标主客观指标作用机制［J］．中国社会科学，1992（1)：121~136.

[7] 风笑天，易松国．城市居民家庭生活质量：指标及其结构［J］．社会学研究，2000（4)：107~118.

[8] Bradburn N M，Caplovitz D. Reports On Happiness［M］. Chicago：Aldine Publishing Company，1965.

[9] Campbell A，Converse P E，Rodgers W L. The Quality of American Life：Perceptions，Evaluations，and Satisfactions［M］. New York：Russell Sage Foundation，1976.

[10] Helliwell J，Layard R，Sachs J. World Happiness Report［M］. New York：Earth Institute，2012.

[11] Li J，Raine J W. The Time Trend of Life Satisfaction in China［J］. Social Indicators Research，2014，119（2)：409~427.

[12] 周长城．主观生活质量：指标构建及其评价［M］．北京：社会科学文献出版社，2008.

[13] 邢占军．城市幸福感——来自六个省会城市的幸福感指数报告［M］．北京：社会科学文献出版社，2008.

[14] 党云晓，张文忠，余建辉，等．北京居民主观幸福感评价及影响因素研究［J］．地理科学进展，2014，33（10)：1312~1321.

[15] 胡荣华，陈琰．农村居民生活满意度统计分析：以江苏为例［J］．中国农村经济，2012，28（1)：80~91.

[16] 李飞，唐丽霞，于乐荣，等．农户生活满意度及影响因素分析：基于10个村庄的横截面数据［J］．西北人口，2013（1)：41~46.

[17] 安徽城市居民生活质量评价及其空间格局分析［J］．经济地理，2014，34（4)：84~90.

[18] Haq R，Zia U. Multidimensional well-being：an index of quality of life in a developing economy［J］. Social Indicators Research，2013，114（3)：997~1012.

[19] Robert A Cummins. Objective and Subjective Quality of Life：An Interactive Model［J］. Social Indicators Research，2000，52（1)：55~72.

[20] 范柏乃．我国城市居民生活质量评价体系的构建与实际测度［J］．浙江大学学报（人文社会科学版)，2006，36（4)：122~131.

[21] 田永霞，刘晓娜，李红，等．基于主客观生活质量评价的农村发展差异分析：以北京山区经济薄弱村为例［J］．地理科学进展，2015，34（2)：185~196.

第六章　海南疍家人的生境变迁

清光绪《崖州志》记载，“疍民，世居大疍港、保平港、望楼港濒海诸处。男女罕事农桑，惟辑麻为网罟，以鱼为生。子孙世守其业，税办渔课。间亦有置产耕种者。妇女则兼织纺为业。”这段话大概描述了海南疍民曾经的生活状态。民国以前，他们在社会边缘生存，除了拿鱼货换取生活物资外，很少登陆上岸，与陆上居民几乎没有交流，千百年来维持着疍民内部的小社交和血缘圈子。与传统居住在海上不同，如今的疍民除了出海打鱼、渔排养鱼外，都已经登陆，开启了岸上陆地生活时代。在海南三亚、陵水、海口、文昌等多处港湾，都有疍民村落。人不离船、船不离海的疍民生活写照早已经湮没在时代的进程中，随时空的更迭，那曾经浮居的棚屋，悠扬的咸水歌，神秘的信奉与习俗等，都慢慢地消失在历史长河中。上岸几十年的海上漂族群，他们的陆地生活适应吗？他们与汉人和其他族群间的融合情况乐观吗？他们对政府的发展规划等有认同感吗？本章就相关问题进行一一论述。

第一节　传统文化习俗及变化

关于传统文化变化情况，不同的疍家人集聚地，有明显的差异。但是，所有疍家人都以海为生，每当在海上遇到强风或恶劣天气等，无法掌控生死时，只好寄希望于神灵的保佑与庇护，所以他们都信奉海神和家神，传统文化习俗很多都与该信奉有关。

一、传统文化习俗

（1）海神信奉。走访调查发现，他们基本村村都有自己的公庙，木帆船捕捞时期公庙香火旺盛，疍民出海前祭拜海神祈祷平安和丰收，回港后又都要到公庙去祭拜以谢海神在出海时的护佑，在一些重要节日如元宵节、端午节、开渔节等，全民参拜。但是各个疍民集聚地供奉的海神却各不相同，三亚榆港社区和陵水赤岭村供奉的都是五龙大王，崇拜的是龙王。昌江新港村疍民供奉的是海南本土产生的海神广德王，又称神山爷爷。陵水新村的三江庙中供奉的是三江娘娘（妈祖），海口海甸岛白沙门下村也供奉的是妈祖。海口海甸岛捕捞村则供奉108兄弟公，108兄弟公崇拜是海南独有的地方信仰。海南文昌铺鱼村，信奉的海神是水尾圣娘，水尾圣娘是海南文昌疍家人信奉的主要海神，发源于文昌清澜港。

（2）节庆习俗。疍民除了和汉人一样重视春节，还非常重视端午节、元宵节和鬼节。在节日习俗上，一些村落的疍民仍保有游神、祭海、赛龙舟等习俗。走访调查得知，目前疍民传统文化节庆习俗保留依然比较好的村落有陵水新村、三亚榆港村、滕海村、昌江新港村。陵水新村和三亚滕海村至今保持正月十五大众式闹元宵的习俗，三亚红沙和文昌铺鱼村在最近几年开始陆续不再组织元宵节活动。元宵节闹元宵以游神为主，游行一般还伴有神偶、舞龙舞狮、花车、乐队演奏等表演。神明在巡视乡里过程中挨家挨户接受信众的香火膜拜，信众除了会以放鞭炮烟火和烧香跪拜等迎接，还会孝敬贡品、红包等给神灵。三亚榆港村和昌江新港村至今保持端午节赛龙舟、洗龙水等习俗。海南疍民端午节赛龙舟并不是为了纪念屈原，而是为了表达对龙神的崇拜。传说这一天龙王会出来活动，使海水变成龙水。疍民在这一天通过赛龙舟、洗龙水、祭海神等祭神娱神活动来表达敬意和崇拜。

二、习俗变化情况

关于习俗上有哪些变化[1]（多选题，如图6-1所示），被访者认为自由恋爱增多的有82.4%，其次是和各种人打交道增多（74.5%），其余依次是烧香拜神的次数减少（67.2%），和其他非疍家人之间的界线淡化很多（62.5%），婚嫁礼节变化（58.6%），社区大型传统文化活动如游神、祭海等减少（48.5%），与非疍家人结婚成家的情况增加（39.6%）。

（1）自由恋爱增多。目前，25岁左右的适婚疍民，多数是自谋职业，他们在工作和生活中结识非疍民异性，自由恋爱情况占多数。但是他们的父辈基本都是媒妁之言，而且基本是在疍民群体内部通婚。

（2）和各种人打交道增多。海南国际旅游岛建设，使得大量旅游和度假

[1] 数据来自于自编的“海南疍民的生活现状调查”问卷。

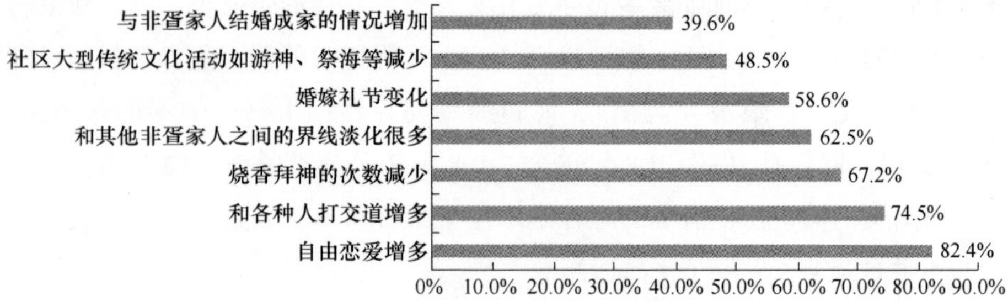

图 6-1　海南疍民习俗变化情况

人群涌入岛内，多数疍民居住的港湾都紧挨景区或开发区，使得上岸之前从不和陆上居民交往的疍民，开始经常接触各类人群。有些年长的疍民不太会海南话——他们日常交流主要用广东话，却很会普通话，就是这个原因。

（3）烧香拜神的次数减少。据调查，海南疍民拜家神的习俗几乎没有太大变化，变化比较多的是拜海神的习俗。木帆船捕捞时期各村的公庙里供奉的海神香火都非常旺盛，疍民出海时都要先拜海神以求平安和丰收，所以，基本所有村庙都修建在港口码头边——大家出海的必经地，好方便大家祭拜。现在各村的村庙都还在，但是由于一部分疍民已经离开渔业，渔业生产效益的降低，以及现代化渔船及渔业作业方式使得海上生存风险大大降低等原因，村庙的香火已经远不如过去旺盛，甚至很多从未出过海的新生代疍民都不清楚自己村庙里供奉的是谁。

（4）和其他非疍家人之间的界线淡化很多。上岸之前疍民和陆上居民有清晰明确的心理和社会地位界线。所有疍民的活动和交往从不跨越界线，都是在自己族群内部进行，连婚姻嫁娶也严格遵守界线。所以，他们形成了自己的封闭社会，受外界影响很小，文化和习俗都很好很完整的传承下来而没有被同化。而现在的新生代疍民，尤其是走出家庭和村落而外出务工和学习的新生代疍民，多数基本已经没有了族群意识，他们认同自己的疍民身份但是感觉与其他非疍家人没有任何差异，心里已经没有了族群界线或者界线明显淡化。但是老一代疍民与陆上居民之间的心理界线依然明显存在。在陵水新村做访谈时，进了老一代疍民经常喝茶的茶馆，发现疍民开的茶店只有疍民去光顾，陆上居民开的茶店疍民很少光顾，如果光顾，也是疍民与疍民同桌，陆上人与陆上人同桌，大家不同店，更不同桌喝茶。

（5）婚嫁礼节变化。疍民结婚，跟陆上人坐花轿完全不同，他们主要是用花艇来水上迎亲，他们家家都有艇，以艇为家。而且有哭嫁习俗，新娘出嫁前对陌生的丈夫、家庭和新生活，恐惧多于期待，所以出嫁前会以哭唱来表达对自己亲人的不舍和对未来生活的担心。疍民咸水歌中最有名的段子就是哭嫁的《叹家姐》。但是现在的疍民嫁娶，已经和陆上人没有太大差异。

（6）社区大型传统文化活动减少。在渔业作为疍民主要或唯一生计方式时期，几乎所有的疍民村落都有端午赛龙舟大型活动，而且分男队和女队，多数女性疍民也是操舟高手。过完中国新年，要出海进行新的一年劳作，他们会有大型祭海和各家祭船活动。各村每年至少有一次大型游神活动，或选择在元宵节，或选择在海神诞辰等有纪念意义的日子，举行大型游神祭海活动。目前保持游神祭海传统的只有两个村落，举行龙舟赛的也只有两个村落，其他地方基本都是在近十来年内慢慢不再组织这些活动。主要原因一是年轻疍民不出海导致海神信仰的淡化和断层，包括划龙舟很多年轻人都不会，也不热衷参与，以前村里有很多大船，每年开鱼他们有比较多的期盼，现在大船多半被卖出，家家都是小船出近海来勉强养家糊口，对捕捞的风险和收益都没有太多担心和期望，大型祭海活动的动力不足。另外，所有这些社区大型传统文化活动的减少还有一个至关重要的原因，就是组织这些活动需要大量财力和人力投入，多数疍民家庭的相对收入不如从前，他们对花钱也变得敏感，投入意愿明显减少。

（7）与非疍家人结婚成家的情况增加。上岸以前，疍家人基本是内部通婚，很少嫁娶陆上居民。现在的适婚疍民青年，自由恋爱后如果双方想结婚，很少有父母会以是否是疍民身份来阻止通婚。另外，随着他们与外界接触变多，与非疍家人结婚成家的情况明显增加。

三、变化适应情况

疍家人对于生活习惯和风俗上的改变（如图 6-2 所示），觉得很不适应的占 6.2%，较不适应占 20.5%，一般占 40.9%，较适应占 25.0%，很适应的占 7.4%。总之，处于适应水平及以上的占 32.4%，处于不适应及以下水平的占 26.7%。走访发现，多数新生代疍民对工作、生活和习俗的变化相对适应，而老一代疍民表示生活习惯不适，工作转型困难，以及习俗变化不适等问题相对较多。

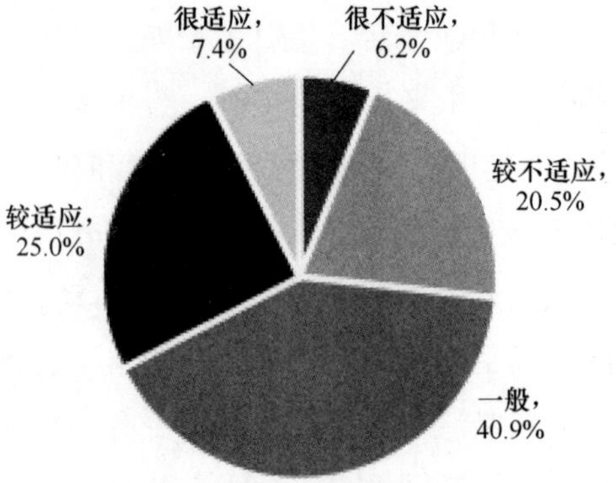

图 6-2　变化适应情况

第二节　幸福观的代际变化

社会变迁和文化融合对当代人的幸福观产生较大影响，使之也不断发展变化。什么是幸福？不同的人会有不同的答案，同一个人在不同的时期，答案可能也不一样。关于幸福的衡量，没有人能给出标准答案。但是，幸福观却决定着幸福感。幸福观的变迁，除了受幸福个体主观因素影响外，还有深刻的社会根源，即政治、经济、文化、社会等状况都是影响幸福观的深层次因素。海南疍民随着国际旅游岛建设与外界交流越来越多，受外界的影响也越来越深，早已经不是过去的完全自我封闭状态。另外，他们自身生产生活方式的变化也带动他们幸福观念的改变。新生代疍民和老一代疍民各有怎样的幸福观和幸福感，他们之间有没有差异及具体的差异情况是什么？运用比较分析，对该问题进行了深入解答。

一、基本概念解析与界定

（1）幸福的相关概念。幸福是一种生活态度，是快乐的选择[1]。幸福是一种主观的心理体验，并不是客观必然的，而是主观任意的，一个人自己认为幸福就是幸福，自己认为不幸福则不幸福[2]。幸福与幸福观是两个不同的范畴，幸福观是在幸福体验基础上对幸福最基本的看法和观点[3,4]。幸福感是对幸福感受大小的量化[5]。在当代国内外学术界，从人的情感、认知角度认识幸福，从主观角度研究幸福的个体认知与幸福感之间的关系是当前热点[6]。

（2）疍民的相关概念。目前学术届还没有老一代疍民和新生代疍民的概念和界定，本书沿用国内关于新生代农民工的界定，即学界通常以 1980 年以后出生作为新老农民工的分界线[7]。本书采用了这种划分方法，视 1980 年以后出生的为新生代疍民，1980 年以前出生的为老一代疍民。

二、研究设计

使用自编的“海南疍民的生活现状调查”问卷。关于幸福观的测试，课题组在文献研究，前期的试调查和小组讨论的基础上，将原定的 10 个幸福观测试问题减到 6 个，这 6 个因素是：有高收入，子女成才，生活有乐趣，夫妻和谐，有成就感，家人健康。让受访者对这 6 个影响幸福感的因素，按照对自己而言的重要程度进行排序。关于幸福感的测试，课题组使用的是 5 点里克特量表，从很不幸福、不太幸福、一般、比较幸福、非常幸福分别赋值 1、2、3、4、5 分来测试被调查者的幸福程度。

三、疍民幸福观的代际差异

从老一代疍民的幸福观调查结果显示（见表 6-1），可知影响幸福感的 6 个因素之中，重要程度的依次排列顺序是家人健康，子女成才，夫妻和谐，有高收入，生活有乐趣，有成就感。说明对于老一代疍民来说最重要的是家庭，家人健康被排在了第一位。子女成才位列第二，说明子女教育是第二重要因素。夫妻和谐被排在第三，夫妻关系是影响家庭和睦的重要因子，被排在了前三位。有高收入只排在第四，说明收入和经济因素对他们的幸福感影响不是很强。生活很有乐趣和有成就感分别排在第五和第六，是最后两名，说明他们普遍并没有过多追求个人享受或者个人成就，这些在他们的幸福感中重要性较小。另外，从排序情况可以看出，排名的前三位——家人健康、子女成才、夫妻和谐这些都是跟家庭有关的因素，而排名后两位的都是跟个人有关的因素。说明老一代疍民的幸福受传统观念影响较深，更多的依赖家庭，把自身的幸福建立在家庭幸福基础上。更重视家庭生活条件的改善，而对自己的生活没有明确的想法，忽略或降低对个人幸福的追求。

表 6-1 疍民幸福观的排序结果

排名	1	2	3	4	5	6
老一代疍民	家人健康	夫妻和谐	子女成才	有高收入	生活有乐趣	有成就感
新生代疍民	家人健康	有高收入	生活有乐趣	子女成才	夫妻和谐	有成就感

从新生代疍民的幸福观调查结果显示（见表 6-1），影响幸福感的 6 个因素之中，重要程度的依次排列顺序是家人健康，有高收入，生活有乐趣，子女成才，夫妻和谐，有成就感。从调查结果可以看出，疍民的家庭观念普遍很强，对于新生代疍民来说，家人健康的重要性也是排在第一位的，和老一代没有代际差异。排在第二位的是有高收入，说明收入和经济条件对他们的幸福感影响明显提高很多，和老一代存在明显的代际差异。排名第三的是生活有乐趣，说明对于新生代疍民而言，个人享受对幸福感影响明显提高很多，而这也和老一代存在明显的代际差异。排名第四是子女成才，和老一代在子女成才的排名靠后很多，可能是因为新生代疍民多数的子女都还较小，对这个因素的重要性感知不够深刻。夫妻和谐排名第五，可能是由于 30 岁以下的一部分新生代疍民还是未婚状态，对这个因素的重要性感知也较低。有成就感排名最后，和老一代疍民一样没有差异。说明无论是新生代，还是老一代，疍民群体的整体受教育程度较低，工作中职位和身份也较低，他们多数都在养家糊口或养活自己的生活水平上挣扎，还普遍达不到自我实现的水平和高度，所以，他们一致认为有成就感对他们幸福的重要性最小。总之，和老一代相比，新生代疍民更强调物质和经济对幸福的重要性，更强调个人感受对幸福的重要性。

四、疍民幸福感的代际差异

从疍民幸福感调查结果（见表 6-2）可以看出，老一代疍民关于自己幸福程度的感知中，没有人认为自己很不幸福，认为自己不太幸福的人占 5.3%，认为自己一般的占 24.7%，认为自己比较幸福的人占 61.1%，认为自己非常幸福的人占 8.9%。从疍民幸福感调查结果（见表 6-2）可以看出，新生代疍民关于自己幸福程度的感知中，没有人认为自己很幸福，认为自己很不幸福的人占 4.8%，认为自己不太幸福的人占 15.8%，认为自己一般的人占 55.4%，认为自己比较幸福的人占 24.0%。

表 6-2 疍民幸福感调查结果

疍民群体	幸福度					
	很不幸福	不太幸福	一般	比较幸福	非常幸福	均值
老一代疍民	0.0%	5.3%	24.7%	61.1%	8.9%	3.85
新生代疍民	4.8%	15.8%	55.4%	24.0%	0.0%	3.13

关于疍民幸福感的代际差异，从疍民幸福感调查结果（见表 6-2）可以看出，老一代疍民处于幸福及以上水平的占 70.0%，幸福度总体均值 3.85，处于接近比较幸福水平。新生代疍民处于幸福及以上水平的占 24.0%，幸福度总体均值为 3.13，处于接近一般水平。两个群体的幸福感之间存在明显的代际差异，老一代疍民的幸福度感知明显高于新生代疍民。

通过比较研究海南老一代疍民与新生代疍民的幸福观和幸福感，发现他们之间存在明显的代际差异。老一代疍民的幸福观主要基于家庭基础上，认为家人、子女、夫妻就是自己幸福的主要影响因素，而财富和个人享受只对幸福产生次要影响。对应的，他们整体的幸福感比较高，多数人感觉自己比较幸福。而新生代疍民，幸福观明显更加物质化和自私化，他们更强调收入对幸福的影响，以及更追求个人享受。由于他们期望的物质生活与现实境遇之间存在一定差距，现实中他们多数人收入和职业地位都不高，因此他们的幸福感也不高，多数人处于一般水平。

第三节　文化融入和社会融入

一、文化融入情况

（1）与陆上居民的交流意愿。与陆上居民的交流意愿[1]（多选题），调查结果（如图 6-3 所示）表明，感觉陆上居民对自己的态度友善的有 55.4%，尊重的有 23.6%，说不清的有 21.6%，亲近的有 20.5%，不友好的有 11.4%，歧视的有 4.6%，排斥的有 2.3%。总之，认为别人对他们态度积极和友善的占一半以上，还有 2 成多的人觉得说不清楚，处于中立或不表态的

[1] 本节内容的数据，都来自于自编的“海南疍民的生活现状调查”问卷。

情绪中，有近20%的人认为别人对他们态度消极和不友善。

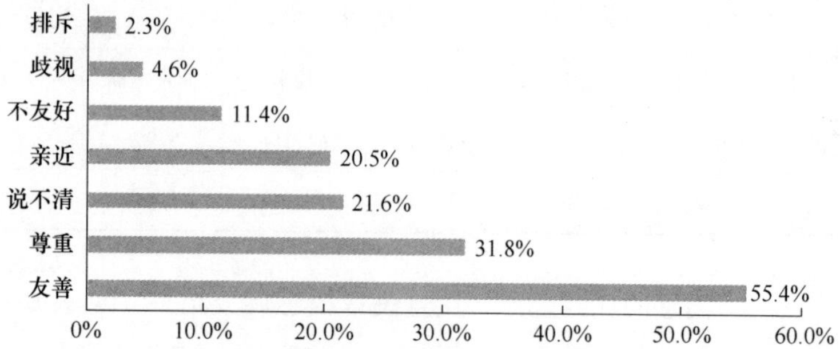

图6-3　与陆上居民的交流意愿

（2）与陆上居民的融合意愿。与陆上居民的融合意愿（多选题），调查结果（如图6-4所示）表明，愿意与陆上居民成为邻居的有40.9%，愿意一起工作的有36.4%，愿意一起聊天的有34.1%，愿意做亲密朋友的有29.5%，愿意结为亲家的有22.7%。从调查结果可以看出，疍民与周边其他居民群体的接触融合意愿与现状处于一般水平，所有选项的选择比例都低于50%。最高的选项是成为邻居，由于各种原因，所有疍民村落都有非疍民居住，有的是几代人之前就已经成为邻居，有的是近几年的住所变化形成的。选择比例排名第二的是愿意一起工作，现在的新生代疍民工作时多半和陆上居民打交道，已经比较习惯和适应了。做亲密朋友和结为亲家的意愿最低，说明多数人还是和陆上居民群体有一定的心理界线，深度交流融合意愿不强。

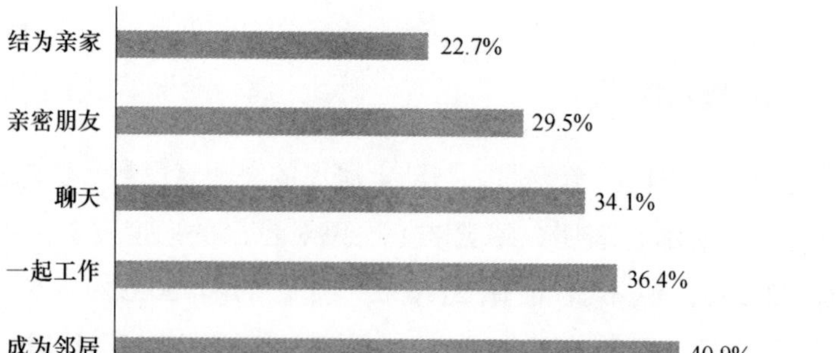

图6-4　与陆上居民的融合意愿

二、社会融入情况

通过调查海南疍民对海南国际旅游岛建设的认同、支持与参与态度等方面来了解他们的社会融入情况。

（1）认同度。关于国际旅游岛建设给当地疍家人带来的好处多（如图6-5所示），他们的态度中，没有人持非常赞同态度，赞同态度的占4.4%，说不清的占58.4%，不赞同的占29.2%，非常不赞同的占8%。

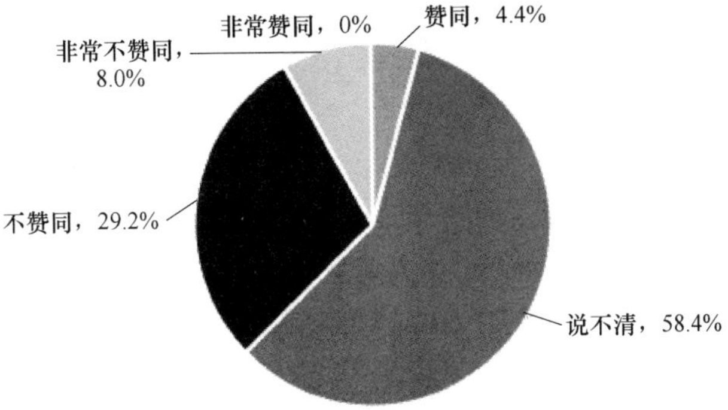

图6-5 海南疍民对海南国际旅游岛建设的认同度

（2）支持度。关于是否愿意支持建设与开发海南国际旅游岛（如图6-6所示），他们没有人表示非常愿意，6.2%的人表示愿意，25.6%的人选择说不清，61.1%的人表示不愿意，7.1%的人表示非常不愿意。

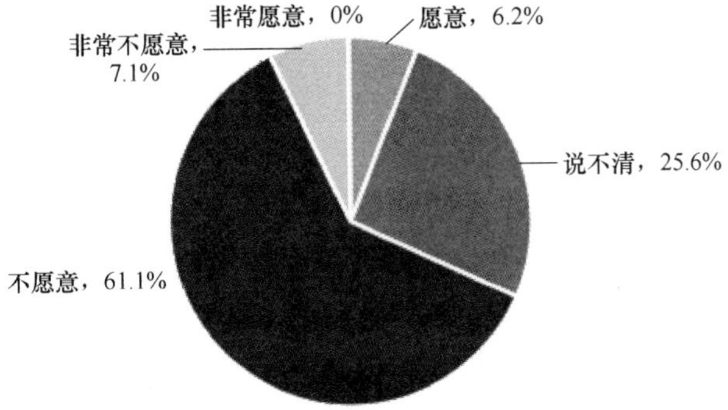

图6-6 海南疍民对海南国际旅游岛建设的支持度

（3）参与态度。关于是否愿意为建设海南国际旅游岛贡献一份自己的力量（如图6-7所示），被调查者中没有人非常愿意，5.3%的人表示愿意，36.3%的人说不清，45.1%的人表示不愿意，13.3%的人表示非常不愿意。

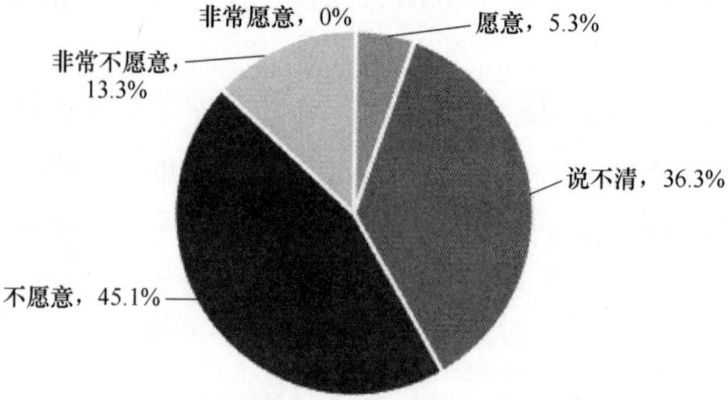

图 6-7　海南疍民对海南国际旅游岛建设的参与态度

从海南疍民对国际旅游岛建设的认同、支持与参与态度来看，他们的认同度、支持度和参与态度都很低。出现这种结果的原因可能是，疍民没有土地，他们以前生产和生活场所所在的海域、海湾都是国家所有。国际旅游岛建设中，他们原本停泊船只的码头，原本生产作业的场所有了其他开发和规划，他们被迫让出地方，失去赖以生存的海湾、海港，甚至海洋，却不能得到合法的补偿，开发带来的利益在分配时几乎与他们无关。政府的开发规划中没有植入疍家文化元素，周围都开发的如火如荼，唯有他们的村落留在原地，像是一个被遗忘的角落，参与和分享非常有限。大规模开发带来的地产热，使当地的房价和物价快速上涨，对于住房紧张和什么都要买的疍民来说，开发带来的高房价和高物价，开发地的繁荣和渔村的落后形成冰火两重天的对比都给他们带来直观和深切的负面感知。

小　结

疍民传承了千年的水上生产生活习惯及文化，随着离海登陆而慢慢改变，近十几年随着海南岛建设速度的快速提升而快速消失。他们的族群身份认知越来越模糊，与陆上居民的心理界线在快速淡化。生活习惯和生存方式都在发生快速变化。他们与陆上居民的交流融合意愿在不断变强。但是，疍民对海南国际旅游岛建设的认同、支持与参与却反映消极，让疍民完全融入海南建设和发展，还需要各方做出更多的切实行动来改善。

参考文献

[1] 罗国杰，巧希仁．西方伦理思想史（下卷）[M]．北京：中国人民大学出版社，1985.

[2] 孙英．幸福论［M］．北京：人民出版社，2004.

[3] 王玉良．大学生幸福观教育的困境与对策［J］．河南社会科学，2008（5）：170~172.

[4] 张静．中西幸福观之比较［J］．山东社会科学，2008（3）：64~68.

[5] 苗元江．幸福感：指标与测量［J］．广东社会科学，2007（3）：63~68.

[6] 邢占军，黄立清．西方哲学史上的两种主要幸福观与当代主观幸福感研究［J］．理论探讨，2004，116（1）：32~35.

[7] 纪亚光．新生代农民工价值观的困惑［J］．探索与争鸣，2013（9）：21~22.

第三篇

旅游开发对海南疍家人的影响

第七章 旅游开发对海南疍家人生活质量的“影响程度—变化趋势”矩阵分析

为了研究旅游开发给海南疍家人生活质量带来的影响，运用“影响程度—变化趋势”矩阵，探索旅游开发过程中疍民生活质量的演变，找出关键的正负面影响因素，并根据分析结果提出对策建议。

第一节 研究设计

使用自编的“海南疍民的生活现状调查”问卷。关于该部分调查，问卷首先由调查对象对每个评价指标的变化趋势进行评价，然后再评价该变化对自己的影响程度，具体评价指标见表 7-1。关于国际旅游岛建设对海南疍家人生活质量影响的指标选取，主要基于文献研究、实地考察、专家意见和课题组集体讨论，在预调查并进行两轮修改的基础上，最后选取了 17 个评价指标。这 17 个指标来自三个维度：经济影响、文化影响和环境影响。经济变化和影响方面，主要选取当地经济发展水平、就业机会、海洋捕捞效益、海水养殖效益、渔业收入水平、其他行业收入水平、物价和生活成本、房价和地价、生活压力 9 个指标；文化变化和影响方面，主要选取疍家传统文化习俗、疍家人对自己传统文化的热爱和认同、疍家人的道德水准、疍家人的思想观念 4 个指标；环境变化和影响方面，主要选取海洋海湾海岸、社会治安、生活社区、公共基础设施 4 个指标。

表 7-1 旅游开发对海南疍家人生活质量的影响

维度	指标	变化趋势					影响程度				
经济影响	当地经济发展水平	大大提高	提高	没有改变	降低	大大降低	很小	较小	一般	较大	很大
	就业机会	大大增多	增多	没有改变	减少	大大减少	很小	较小	一般	较大	很大

续表 7-1

维度	指标	变化趋势					影响程度				
经济影响	海洋捕捞效益	大大提高	提高	没有改变	降低	大大降低	很小	较小	一般	较大	很大
	海水养殖效益	大大提高	提高	没有改变	降低	大大降低	很小	较小	一般	较大	很大
	渔业收入水平	大大提高	提高	没有改变	降低	大大降低	很小	较小	一般	较大	很大
	其他行业收入水平	大大提高	提高	没有改变	降低	大大降低	很小	较小	一般	较大	很大
	物价和生活成本	大大提高	提高	没有改变	降低	大大降低	很小	较小	一般	较大	很大
	房价和地价	大大提高	提高	没有改变	降低	大大降低	很小	较小	一般	较大	很大
	生活压力	大大提高	提高	没有改变	降低	大大降低	很小	较小	一般	较大	很大
文化影响	疍家传统文化习俗	很好保护	一定保护	没有改变	一定破坏	很大破坏	很小	较小	一般	较大	很大
	疍家人对传统文化的认同和热爱	大大提高	提高	没有改变	降低	大大降低	很小	较小	一般	较大	很大
	疍家人的道德水准	大大提高	提高	没有改变	降低	大大降低	很小	较小	一般	较大	很大
	疍家人的思想观念	大大进步	进步	没有改变	退步	大大退步	很小	较小	一般	较大	很大
环境影响	海洋、海湾及海岸	很好保护	更好保护	没有改变	一定污染	很大污染	很小	较小	一般	较大	很大
	社会治安	很大改善	一定改善	没有改变	一定恶化	大大恶化	很小	较小	一般	较大	很大
	生活社区	很安静秩序	安静秩序	没有改变	嘈杂拥挤	很嘈杂拥挤	很小	较小	一般	较大	很大
	公共基础设施	很大改善	一定改善	没有改变	一定恶化	大大恶化	很小	较小	一般	较大	很大

采用 5 点李科特评价法，对这 17 个指标中的当地经济发展水平、就业机会、海洋捕捞效益、海水养殖效益、渔业收入水平、其他行业收入水平、疍家传统文化习俗、疍家人对自己传统文化的热爱和认同、疍家人的道德水准、疍家人的思想观念、海洋海湾海岸、社会治安、生活社区、公共基础设施这 14 个正向指标，依次赋值 1 分、2 分、3 分、4 分、5 分。对物价和生活成本、房价和地价、生活压力 3 个负向指标，依次赋值 5 分、4 分、3 分、2 分、1 分。该变化对疍民的影响程度，从很小、较小、一般、较大、很大依次赋值 1 分、2 分、3 分、4 分、5 分。

第二节 研究方法

IPA 分析法（Important-Performance Analysis）即“重要性-绩效”分析法，是一种非常通俗易懂，形象直观又方便诊断和决策的分析方法。该方法最初应用于市场营销领域，后因其有效性而被广泛应用于管理学、社会学、经济学、心理学等领域[1~10]。

传统的 IPA 分析矩阵（如图 7-1 所示）是把重要性和绩效的测量值置于二维象限中，以两者的平均值作为交叉点，具体划分为 4 个象限。第Ⅰ象限为高/高区域，可解释为重要性高，表现也非常好，今后要继续保持的区域；第Ⅱ象限为低/高区域，可解释为重要性低，但表现很好，今后适宜顺其自然的区域；第Ⅲ象限为低/低区域，可解释为重要性低，表现也不好，今后要作为次重点的改进对象低优先发展；第Ⅳ象限为高/低区域，可解释为重要性高，但表现差，今后需重点改进的区域。

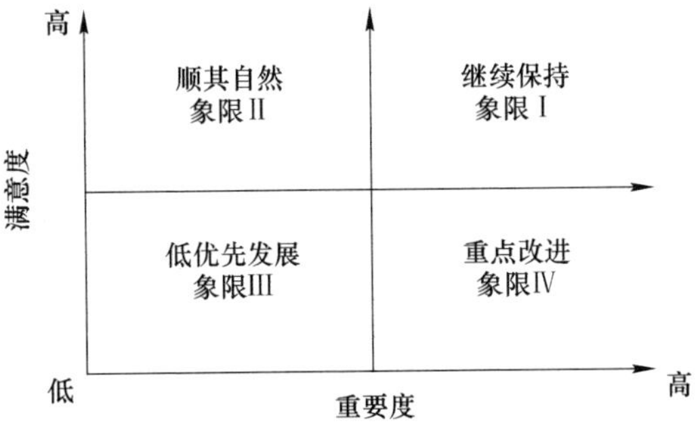

图 7-1 IPA 定位分析图

IPA 分析矩阵因简单有效而在研究使用中较为活跃，对 IPA 分析矩阵根据自己的研究目的加以修正后使用的成果也纷纷出现[11~17]。由于本书主要分析的是变化趋势和影响程度的感知问题，和“重要性—绩效”分析有一些差异，因此需要对传统 IPA 分析矩阵加以调整和修正再使用。在原始 IPA 分析工具基础上，提出“影响程度—变化趋势”矩阵（如图 7-2 所示），用以分析疍民对国际旅游岛建设带来的变化趋势和该趋势对自身影响程度的感知问题。与 IPA 矩阵类似，“影响程度—变化趋势”矩阵同样由 *X* 轴（影响程度感知轴）和 *Y* 轴（变化趋势评价轴）交叉划分，其中 *X* 轴（影响程度感知轴）用以确定变化趋势对自己的影响程度感知，*Y* 轴（变化趋势评价轴）用以确定对变化趋势的评价感知。4 个象限的具体涵义分别为：第Ⅰ象限为高影响程度感知/高正向变化感知区域，可解释为有很大的积极正面变化且对疍民生活质量影响很大，应该继续保持；第Ⅱ象限为低影响程度感知/高正向变化感知区域，可解释为有很大的积极正面变化，但是对疍民生活质量影响很小，应该顺其自然；第Ⅲ象限为低影响程度感知/高负向变化感知区域，可解释为有很大的消极负面变化，但对疍民生活质量影响却很小，应该保持警惕；第Ⅳ象限为高影响程度感知/高负向变化感知区域，可解释为有很大的消极负面变化并对疍民生活质量影响很大，应该重点改进。“影响程度—变化趋势”分析矩阵的提出，为社会学、经济学、管理学等领域研究中普遍存在的变化感知、风险感知等问题提供了分析工具。

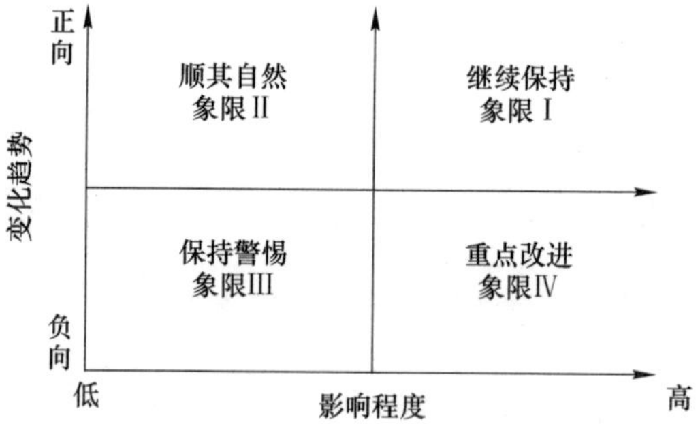

图 7-2　“影响程度—变化趋势”矩阵

第三节　结果分析

运用 SPSS 24.0 统计软件进行数据运算和分析。根据研究需要，运用了信度检验、描述性统计分析、配对样本 *T* 检验和“影响程度—变化趋势”矩阵分析等统计分析方法。

一、信度检验分析

为了保证样本的可靠性，对本研究量表进行了克隆巴赫信度系数 α（Cronbach's Reliability Alpha）检验。多数学者认为，α 最好在 0.8 以上，若低于 0.7，则应考虑重新修订量表。本研究的感知变化趋势量表的克隆巴赫

信度系数 α 为 0.862，影响程度量表的克隆巴赫信度系数 α 为 0.874，说明影响程度和变化趋势量表的可靠性均较高。

二、人口统计学分析

本次调查对象中，男性（72.6%）比例大大高于女性（27.4%）。文化程度中，初中（51.4%）占一半以上，其次是小学（22.7%）和高中（16.5%）。被调查者年龄在 29~38 岁的占 41.60%，39~48 岁的占 22.20%，19~28 岁的占 27.80%。

三、“影响程度—变化趋势”分析

根据“影响程度—变化趋势”分析的步骤和要求，首先，本研究分别算出各项目在变化趋势和影响程度感知的平均值。然后，采取配对样本 *T* 检验，来检验每对项目变化趋势和影响程度的差别是否具有统计学意义。表 7-2 详细显示了各项目影响程度和变化趋势的平均值、配对均值差、*T* 值和双尾检验值。

表 7-2 配对样本 *T* 检验结果表

维度	序号	项目	影响程度均值	变化趋势均值	配对均值差	*T* 值	显著性（双尾）
经济	1	当地经济发展水平	2.65	3.82	1.17	13.098	0.000 * *
	2	就业机会	2.86	3.75	0.89	9.345	0.000 * *
	3	海洋捕捞效益	3.85	2.42	-1.43	-8.172	0.000 * *
	4	海水养殖效益	3.82	2.29	-1.53	-9.922	0.000 * *
	5	渔业收入水平	4.12	2.30	-1.82	6.694	0.000 * *
	6	其他行业收入水平	3.05	3.60	0.55	-23.745	0.000 * *
	7	物价和生活成本	4.42	1.24	-3.18	-25.661	0.000 * *
	8	房价和地价	4.39	1.18	-3.21	-22.858	0.000 * *
	9	生活压力	4.29	1.74	-2.55	1.152	0.251
文化	10	疍家传统文化习俗	3.89	4.01	0.12	0.708	0.480
	11	疍家人对传统文化的认同	3.69	3.76	0.07	4.97	0.000 * *
	12	疍家人的道德水准	3.66	4.03	0.37	8.026	0.000 * *
	13	疍家人的思想观念	3.53	4.22	0.69	7.052	0.000 * *

续表 7-2

维度	序号	项　目	影响程度均值	变化趋势均值	配对均值差	T 值	显著性（双尾）
环境	14	海洋、海湾及海岸	3.24	3.95	0.71	8.09	0.000＊＊
	15	社会治安	3.39	4.06	0.67	0.646	0.520
	16	生活社区	3.62	3.68	0.06	5.798	0.000＊＊
	17	公共基础设施	3.66	4.08	0.42	-8.108	0.000＊＊

注："＊＊" 即 $p<0.01$，表示 1%的显著水平，即非常显著。

在设置 95%的置信区间情况下，若 $p<0.05$，表明这对项目的影响程度值和变化趋势值有显著差别，若 $p<0.01$，则有非常显著的差别。从配对样本 T 检验的结果来看，17 对项目的双尾显著性 p 值中，有 14 个为 0.000，说明这 14 对项目的差异均非常显著，符合分析的假设条件。并且，这 17 对项目的均值差为负数的项目有 6 个，分别是海洋捕捞效益、海水养殖效益、渔业收入水平、生活成本、房价和地价、生活压力 6 个指标。

根据各项目的均值再通过计算，我们可以得出影响程度的总均值为 3.65，变化趋势的总均值为 3.18，二者垂直相交，形成四个象限。然后再将 17 对项目两个均值分别作为横纵坐标进行了标注，画出"影响程度—变化趋势"分析图（如图 7-3 所示）。

第Ⅰ象限：从图 7-3 可以看出，疍家传统文化习俗、疍家人对自己传统文化的热爱和认同、疍家人的道德水准以及公共基础设施这 4 个项目落入第Ⅰ象限（高影响程度感知/高正向变化感知）。海南疍家人对这 4 项因素的变化趋势感知和影响程度感知都大于平均值，表明疍家人认为国际旅游岛建设给上述四个因素带来了明显积极正向的变化并且这些变化对疍民的生活质量产生重要影响。4 个项目中，疍家传统文化习俗、疍家人对传统文化的认同和热爱、疍家人的道德水准这 3 个都是文化影响维度的项目，公共基础设施是环境影响维度的项目。国际旅游岛建设使疍民与其他人群有了更多的文化交流融合机会，这些文化交流使疍民在热爱并保护传统文化习俗和道德水准方面都朝积极方向发展变化，而这些文化变化对他们的生活质量产生重要影响。另外，公共基础设施随着国际旅游岛建设也在快速完善，疍民生活社区或村落的交通、水电、通信等基础设施都比较好，这些积极的外部环境变化对他们的生活质量产生重要影响。

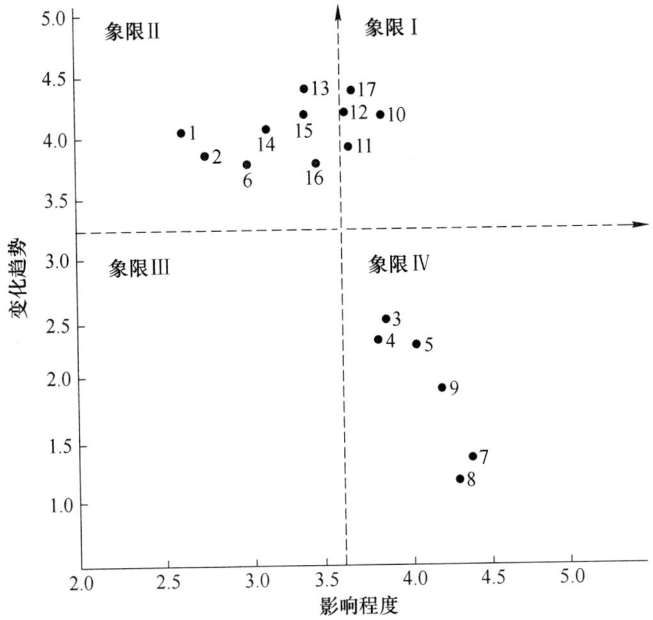

图 7-3 “影响程度—变化趋势”分析图

1—当地经济发展水平；2—就业机会；3—海洋捕捞效益；4—海水养殖效益；5—渔业收入水平；6—其他行业收入水平；7—物价和生活成本；8—房价和地价；9—生活压力；10—疍家传统文化习俗；11—疍家人对传统文化的认同和热爱；12—疍家人的道德水准；13—疍家人的思想观念；14—海洋海湾海岸；15—社会治安；16—生活社区；17—公共基础设施

第Ⅱ象限：从图 7-3 可以看出，当地经济发展水平、就业机会、其他行业收入水平、疍家人的思想观念、海洋海湾海岸、社会治安、生活社区这 7 个项目落入第Ⅱ象限（低影响程度感知/高正向变化感知）。海南疍民对这 7 项因素的变化趋势感知大于平均值，而影响程度感知小于平均值，表明疍民认为国际旅游岛建设给上述 7 个因素带来了明显的积极正向变化，但是这些变化对自己生活质量产生的影响较小。7 个项目中，当地经济发展水平、就业机会、其他行业收入水平这 3 个项目是经济影响维度的。国际旅游岛建设使得当地经济发展水平快速提升，就业机会增多，渔业之外的其他行业收入水平也提高了，这些都在朝积极方向发展，但是疍民却认为这些对自己的生活质量影响不大。有这种感知可能是因为疍民的收入和经济条件并没有和当地经济发展水平同步提升，而是相对落后于周边发展，这种一边是蜃楼，一边是危房的对比更让他们觉得自己与之关系不大。国际旅游岛建设虽然使就业机会提升，但是疍民村落周边的景区开发都没有植入和考虑疍家文化元素，所以景区里能为疍民提供的商业和就业机会都非常有限，比岛内的一些黎苗文化景区差距很远。只有少数精通海洋生存技能的新生代疍民在旅游业从事救生员，潜水教练，驾驶海上娱乐工具等收入略高的职业。其他在酒店、零售、娱乐、餐饮等行业就业的疍民由于没有专业技能和文化程度，多数收入处于底层水平，当地其他行业的就业机会和收入水平提升并没有给他们带来高薪，他们感知该变化对自己影响小。另外，疍家人的思想观念这一文化影响要素，和海洋海湾海岸、社会治安、生活社区这3个环境影响要素都落入第Ⅱ象限。3个环境影响要素被朝积极方向变化但是对疍民影响有限，说明他们目前多数人更多关注的是个人自身和家庭的切身利益，多数人觉得环境是大家的事，跟我个人没有直接关系，受影响的也不是我一个人，所以影响感知较弱。

第Ⅲ象限：从图7-3可以看出，没有项目落入第Ⅲ象限（低影响程度感知/高负向变化感知）。表明在这17项国际旅游岛建设带来的变化因素中，疍民认为没有一个是消极负向且对自己的生活质量影响不大的变化。出现这种结果的原因是课题组之前曾多次深入疍民村落，了解他们生活的方方面面，在设计指标之前，已经初步筛选和考虑选取对他们有较大影响的指标项目。

第Ⅳ象限：从图7-3可以看出，海洋捕捞效益、海水养殖效益、渔业收入水平、物价和生活成本、房价和地价、生活压力这6个项目落入第Ⅳ象限（高影响程度感知/高负向变化感知）。海南疍民对这6项因素的变化趋势感知小于平均值，而影响程度感知大于平均值，表明疍民认为国际旅游岛建设给上述6个因素带来了很大的消极负向变化，而这些变化对自己生活产生了重大影响。这6个项目全部都是来自经济影响维度的，前3个是收入相关的，后3个是消费与支出相关的。这6个项目都被疍民感知朝明显消极方向发展，并对生活产生了重大影响。

走访调查时发现，三亚市和海口市的疍民由于停泊渔船的港口或进出海通道被开发占用等原因，多数不再从事捕捞和养殖。而海南其他地方的疍民，目前80%以上的家庭都有价值10万以内的海上作业船，用于从事近海捕捞，基本都是家庭中的40岁以上的老一代疍民夫妻或家庭主要成员出海。随着海洋渔业资源的枯竭，捕捞整体效益在大幅度下降。以家庭为单位的2~3人作业的小船为了维持生计基本都还是要出海，一条船一年收入2万~5万元不等。而需要10人以上作业的价值100万元以上的远海捕捞大船，随着海洋捕捞效益的下降，很多亏损难以为继，目前三分之二的船主都把大船卖掉，去给别人当船工，或者另谋生路。所以，疍民对海洋捕捞效益下降有最深刻的负面感知，这个情况直接影响了绝大部分疍民的收入和生计。

整个海南岛最大规模的疍民海水养殖基地是在陵水新村港，有1000户左右的疍民从事养殖。80%的养殖户年投入10万元以内，另外的20%年投入在10万~100万元之间，与十几年前相比，疍民对于养殖的规模及投入均缩减或大大缩减。走访渔排养殖户发现，多数养殖户都有不同程度的网箱空置情况，甚至有些养殖户大半的网箱都处于空置状态。海水污染使海水养殖的成活率大大降低，养殖品种越来越受限，养殖成品因污染问题而使得品级越来越低，收购价格也越来越低。同时养殖成品走进的消费场所越来越低端，销售区域越来越狭窄。这些原因和问题使得养殖风险增大，效益降低，养殖户的投入也开始降低，多数家庭投入10万元以内的养殖规模，正常收益够维持家庭生计。另外，渔业收入水平和捕捞效益高度挂钩，那些需要找船工的大船，船工收入是按照渔船出海的鱼货收益来分成，渔船收益多船工分成就多，反之收入少甚至是没有收入。

近年来，海南度假地产蓬勃发展，外来人口急剧增加，度假群体消费水平高，消费能力强，随之带来的是物价和生活成本的不断攀升。房价和地价随着旅游开发也一路高歌，三亚市及周边的房价高于多数省会城市。因为收入较少，各类消费价格提升，导致生活压力增加的感知明显。

第四节　对策建议

一、经济影响对策

当地经济发展水平快速提升，就业机会增多，渔业之外的其他行业收入水平也提高了，但是海南疍民却认为自己的生活从这些经济发展中获益不多。针对这个情况，政府在相关政策设计时，应该兼顾经济效益和疍民民生，让其能在开发中受益，实现利益共享。如，在开发他们居住的海湾时，考虑给予他们一定的失海补偿。

面对捕捞和养殖收益下降，并严重影响疍民生活质量的情况，有关部门应该考虑设计更多的休闲渔业、海鲜餐饮、水产经营等传统渔业相关行业的创业就业渠道来实现一部分疍民的职业转型，在一定程度上帮助解决他们的就业和生计。

关于房价、物价和生活压力快速增长并严重影响疍民生活质量的情况，政府目前已经采取历史最严厉手段抑制海南的投资型房产需求来抑制房价。关于物价，应该快速提高海南零售和物流业的发展水平，完善和规范零售业态，丰富商品供给渠道。

关于生计、收入和消费的负面变化感知和深度影响感知的因素，应该加大力度关注和重点改进。改进优选办法是在海南国际旅游岛开发的时候，考虑植入疍家文化元素，使他们能够利用自己的传统文化或技艺更好地实现职业传承和生计延续。另外，还可以传承海洋文化，对国民进行更多的海洋教育，提升民众的海洋意识，并增加海南旅游当中文化深度游的魅力，是一举多得的事情。

二、文化影响对策

疍民觉得他们的传统文化习俗、道德水准、思想观念等都有了积极的变化并提高了生活质量。针对这些情况，需要做的就是采取积极有效的方式鼓励疍民与其他群体的文化交流，在文化融合的基础上，提升新生代疍民对自己族群身份和文化的认同，采取有计划、有步骤的方式方法让疍民自发、自觉的保护疍家传统文化习俗。

三、环境影响对策

海洋海湾海岸、社会治安、生活社区这些环境因素朝积极方向变化但是对疍民影响有限。针对他们的海洋生态环境意识相对淡薄情况，应该加大各种类型的教育和宣传，普及海洋生态知识，提升他们的爱海护海意识。针对社会治安和生活社区影响感知弱的情况，应该在改善基本生存需要后，提升他们的文化水平和人文素养，从而慢慢改善对环境的需求。

小　　结

借助修正后的IPA分析工具，对国际旅游岛建设给疍民带来的生活质量影响进行“影响程度—变化趋势”矩阵分析，借此了解国际旅游岛建设给疍民生活带来的变化以及这些变化造成的影响。带来积极影响的变化应该保持或强化，而一些消极影响的变化应该重点改进或保持警惕。

首次尝试将 IPA 分析法改进成“影响程度—变化趋势”分析矩阵，并运用到社会学分析研究领域以满足本书的研究目的，可能存在一定的不足。

参考文献

[1] Abalo J, Varela J, Manzano V. Importance values for Importance-Performance Analysis: A formula for spreading out values derived from preference rankings [J]. Journal of Business Research, 2007, 60 (2): 115~121.

[2] Ziegler J, Dearden P, Rollins R. But are tourists satisfied? Importance performance analysis of the whale shark tourism industry on Isla Holbox Mexico [J]. Tourism Management, 2012, 33 (3): 692~701.

[3] Bacon D R. A comparison of approaches to importance-performance analysis [J]. International Journal of Market Research, 2003, 45 (1): 55~71.

[4] Sever I. Importance-Performance analysis: A valid management tool? [J]. Tourism Management, 2015, 48: 43~53.

[5] 周荣华，向银，张学兵. 基于 IPA 分析的乡村旅游对农民收入影响的实证研究——以四川省都江堰市为例 [J]. 农村经济，2012 (8): 39~43.

[6] 邵隽，常雪松. 基于 IPA 分析法的国内 OTA 网站服务质量研究——以“去哪儿”网为例 [J]. 扬州大学学报（人文社会科学版），2016，20 (3): 79~90.

[7] 宋子斌，安应民，郑佩. 旅游目的地形象之 IPA 分析——以西安居民对海南旅游目的地形象感知为例 [J]. 旅游学刊，2006，21 (10): 26~32.

[8] 谢丽佳，郭英之. 基于 IPA 评价的会展旅游特征感知实证研究：以上海为例 [J]. 旅游学刊，2010，25 (3): 46~54.

[9] 辛欣，陈楠. 基于 IPA 方法的文化主题公园旅游项目优化研究——以开封清明上河园为例 [J]. 资源科学，2013，35 (2): 321~331.

[10] 周永博，魏向东，梁峰. 基于 IPA 的旅游目的地意象整合营销传播——两个江南水乡古镇的案例研究 [J]. 旅游学刊，2013，28 (9): 53~60.

[11] Taplin H R. Competitive importance-performance analysis of an Australian wildlife park [J]. Tourism Management, 2012, 33 (1): 29~37.

[12] Mikulic J, Prebezac D. Accounting for dynamics in attribute-importance and for competitor

performance to enhance reliability of BPNN-based importance-performance analysis [J]. Expert Systems with Applications, 2012, 39 (5): 5144~5153.

[13] Matzler K, Bailom F, Hinterhuber H H, et al. The asymmetric relationship between attribute-level performance and overall customer satisfaction: reconsideration of the importance-performance analysis [J]. Industrial Marketing Management, 2004, 33 (4): 271~277.

[14] Coghlan A. Facilitating reef tourism management through an innovative importance-performance analysis method [J]. Tourism Management, 2012, 33 (4): 767~775.

[15] 程德年，周永博，魏向东，等. 基于负面 IPA 的入境游客对华环境风险感知研究 [J]. 旅游学刊，2015，30（1）：54~62.

[16] 陈旭. IPA 分析法的修正及其在游客满意度研究的应用 [J]. 旅游学刊，2013，28（11）：59~66.

[17] 温煜华. 基于修正 IPA 方法的温泉游客满意度研究——以甘肃温泉旅游景区为例 [J]. 干旱区资源与环境，2018，32（5）：196~201.

第八章 旅游开发程度对海南疍家人生活满意度的影响差异分析

把11处不同旅游开发程度的疍家人社区分成3类：完全开发地、半开发地和未开发地。对不同开发程度所属地的疍家人生活满意度差异做比较研究，以揭示旅游开发对他们生活的影响。

第一节 评价指标体系构建及权重确定

一、构建评价指标体系

在借鉴诸多已有研究成果[1~6]，并对疍民基层管理干部、疍民群众进行深度访谈，与专家商定，在预调查完成并修改完善之后，最后构建了评价海南疍家人生活满意度的多层次、多因素综合评价指标体系（见表8-1）。该体系分为三个层次：第一层是目标层，是疍家人生活满意度；第二层是准则层，包括居住、经济、生活、社会四大领域；第三层是指标层，主要选取了11个具体生活满意度评价指标。

表8-1 海南疍家人生活满意度评价指标体系及权重

目标层	准则层	权重	指标层	相对权重	绝对权重
疍家人生活满意度	居住	0.2619	家庭住房满意度	0.4417	0.1157
			家庭内部重要设施满意度	0.3563	0.0933
			水、电、交通等设施满意度	0.2020	0.0529
	经济	0.3723	家庭收入满意度	0.6039	0.2248
			家庭负担和压力满意度	0.3961	0.1475

续表 8-1

目标层	准则层	权重	指标层	相对权重	绝对权重
疍家人生活满意度	生活	0.2135	工作辛苦程度满意度	0.2171	0.0463
			自身健康满意度	0.3011	0.0642
			教育设施及条件满意度	0.3418	0.0729
			社区治安满意度	0.1400	0.0299
	社会	0.1523	社会保障和政策受惠满意度	0.6859	0.1045
			社区环境污染与治理满意度	0.3141	0.0478

二、确定指标权重

采用 AHP 方法，通过专家评估各项指标的相对重要性，构建判断矩阵，然后进行运算，计算指标权重，进行一致性检验，指标权重汇总及排序等步骤，得到指标权重系数（见表 8-1）。从表 8-1 的结果可以看出，疍家人生活满意度评价指标权重排名前 5 位的依次是家庭收入、家庭负担和压力、家庭住房、社会保障和政策受惠、家庭内部重要设施。

第二节　采集评价指标的原始数据

首先通过文献资料，前期研究基础以及实地走访，确定 11 个海南疍民居住村落的旅游开发情况。将这 11 个村落按照开发程度分为三类，完全开发地：红沙村，榆港村，南海村，捕捞村，白沙门下村；半开发地：滕海村，藤桥村，赤岭村，新村；未开发地：新港村，铺鱼村。主观评价数据的收集采用李克特 5 级量表，评价语为非常不满意、不满意、一般、满意、非常满意，表达对生活质量各项指标的满意程度高低。采用直接赋分法将指标评价转化成 0~100 之间的得分，具体的赋分标准是非常不满意 0 分，不满意 25 分，一般 50 分，满意 75 分，非常满意 100 分，最终得到三类不同开发地的生活满意度评价指标效用值，结果见表 8-2。

表 8-2 三类不同开发地的生活满意度评价指标效用值

评价指标	未开发地	半开发地	完全开发地
家庭住房满意度	58	50	61
家庭内部重要设施满意度	69	61	73
水、电、交通等设施满意度	52	65	77
家庭收入满意度	41	40	44
家庭负担和压力满意度	51	47	56
工作辛苦程度满意度	66	57	51
自身健康满意度	76	74	69
教育设施及条件满意度	79	65	61
社区治安满意度	51	68	76
社会保障和政策受惠满意度	43	46	55
社区环境污染与治理满意度	54	51	44

从表 8-2 可以看出，关于家庭住房，完全开发地的满意度最高，因为完全开发地的疍民社区是三亚港和海口海甸岛上，为三亚和海口市内的重要旅游区，他们的房屋目前是人均住房面积最多，舒适度最好的。半开发地的家庭住房满意度最低，半开发地是靠近旅游开发区，但是自己的村落并没有被开发。他们的住房实际情况并不比未开发地差，但是由于他们的邻居都是摩天大楼，高端社区或酒店，在对比中，他们对自己的住房满意度会下降。家庭内部设施满意度最高的也是完全开发地，他们中的多数家庭除了有基本电器家具设备外，多数家庭都有电脑，少部分家庭有私家车。而未开发和半开发地，家庭电脑和私家车的拥有比例远远低于全开发区。水、电、交通等设施满意度最好的还是全开发地，其次是半开发地，最后是未开发地。家庭收入、家庭负担和压力满意度最高的是完全开发地，其次是未开发地，最后是半开发地。工作辛苦程度，满意度最高的是未开发地，因为未开发地多数人从事传统渔业，现在休渔期三个多月，还有很多其他不能出海的日子，他们感觉现在闲的时候很多。满意度最低的是完全开发地，完全开发地的多数疍民都是从事商业或打工来谋生，打工基本没有得到国家法定的休息日假期，自己做生意更是没有休息日，所以他们更忙碌辛苦。自身健康满意度最好的也是未开发地。可能是他们的健康意识比完全开发地疍民要弱一些，另外他们有职业病的情况并不是很高，健康满意度较高。教育设施及条件满意度最

高的是未开发地，未开发地的实际客观教育基础设施最差，但是和以前比起来已经有巨大进步，和周围村落比起来也算好，所以他们满意度高。完全开发地的教育设施客观情况最好，却满意度最低，因为和周围的教育设施比较起来，多数属于较差或一般的水平。

第三节　不同程度开发地的疍家人生活满意度指数比较分析

通过对表 8-2 中各个评价指标效用值，用表 8-1 中的权重系数加权求和，计算出不同开发地的疍民生活满意度指数（见表 8-3）。从表 8-3 的结果可以看出，四个分类指数，最高的都在完全开发地。而四个分类指数中有三个最低的在半开发地，分别是居住指数、经济指数、生活指数。社会指数最低是未开发地。综合指数最高的是完全开发地，其次是未开发地，最后是半开发地。

表 8-3　三类不同开发地的疍民生活满意度指数

满意度指数	未开发地	半开发地	完全开发地
居住指数	61	57	67
经济指数	45	43	49
生活指数	71	66	75
社会指数	46	48	52
综合指数	55	52	60

出现这样的结果可能是因为，完全开发地在开发中带来的各种物价和房价等负面压力的同时，也分享了更多的开发带来的效益，如经济收入，生活和各方配套设施等。而半开发地一方面没有分享到开发带来的成果和效益，一方面又要为开发带来的高物价和房价等买单，所以生活满意度指数最低。而未开发地由于受旅游开发影响较小，物价和房价相对较低，收入低消费也少，生活压力反而要小些。另外，他们没有与周围高收入群体比较，心理感知要优于实际客观情况。

小　结

运用比较指数，把 11 处不同旅游开发程度的疍民村落分成 3 类，完全开发地、半开发地和未开发地。对不同开发程度所属地的疍民生活满意度差异做比较研究。结果表明：海南旅游的海岸开发给全岛疍民的生活都带来了巨大影响；旅游开发对疍民生活影响是正面还是负面，主要取决于疍民在开发中的参与和分享情况。分享越多，影响感知越趋于正面，分享越少，则影响感知越趋于负面。

参考文献

[1] 卢淑华，韦鲁英．生活指标主客观指标作用机制［J］．中国社会科学，1992（1）：121~136.

[2] 周长城．主观生活质量：指标构建及其评价［M］．北京：社会科学文献出版社，2008.

[3] 黄林秀，唐宁．城市化对农村居民生活质量影响的实证研究——以城乡综合配套改革试验区重庆为例［J］．西南大学学报（社会科学版），2011，37（2）：107~111.

[4] 杨金龙．农村居民生活质量评价结构的设计与实证检验［J］．山东社会科学，2013（7）：151~156.

[5] 陈建宝．我国各地区农村居民生活质量评价研究［J］．中国经济问题，2010（4）：25~29.

[6] 崔闽莲．基于农普资料和主成分分析的河北省农村居民生活质量综合评价［J］．安徽农业科学，2011，39（3）：27~28.

第九章 海南疍家人旅游影响感知及态度的SEM分析

旅游业在一个地区的繁荣与持续发展，需要当地居民的支持[1]。旅游发展给当地居民带来的正面和负面影响[2]，居民对旅游发展影响的感知及态度，日益成为旅游地可持续开发和发展的重要衡量指标[3]。研究海南疍家人对蓝色旅游开发带来的影响感知及态度，有助于为相关政府及旅游部门成功开发和运营相关旅游项目提供一定的规划和政策依据，从而更有利于建立和优化旅游社区公众参与机制[4]。

由于对旅游规划和管理过程中减轻消极影响的实践工作有一定的现实指导作用，20 世纪 60 年代以来，旅游地居民的旅游影响感知及态度一直是国内外学者们的研究热点[5]。国外学者的研究经历包括：旅游对社区产生的正负面影响[6~8]，影响居民感知与态度的因素[9~11]，居民旅游影响感知及态度的相关理论解释[12~14]，测量方法[15~16]，作用模式[17~19]等方面。国内学者更倾向于以社会调查为主，从微观层面和主观角度，通过细分和量化旅游地居民对旅游影响的主观感知和态度来使研究变得具体和可操作[20~22]。

第一节 确定研究方法及主要研究维度

一、确定研究方法

结构方程模型（Structural Equation Modeling，SEM）的思想起源于 20 世纪 20 年代 Sewll Wright 提出的路径分析概念。结构方程模型是一种建立、估计和检验因果关系的方法。结构方程模型的联立方程组由测量模型和结构模型组成，测量模型表示观测变量与潜变量之间的关系，而结构模型反映潜变量与潜变量之间的关系。结构方程模型可以替代多重回归、通径分析、因子分析、协方差分析等方法，清晰分析单项指标对总体的作用和单项指标间的相互关系。作为一种多元统计分析方法，结构方程模型因为具备将因子分析与路径分析相结合、可同时处理多个因变量、同时估计因子间结构及因子间的关系、允许自变量和因变量存在测量误差等优点，很快被广泛应用于经济学、社会学、管理学等各学科领域[23~25]。结构方程模型研究方法也越来越多地应用于居民旅游影响感知及态度的研究中，因为该领域研究所涉及的变量常常无法直接测量，结构方程模型可以在一定程度上解决这一问题，用统计分析观测变量之间的关系来研究潜变量之间的关系。

二、确定主要研究维度

旅游影响是指由于旅游活动的开展，所引起的旅游相关参与者和接受者，产生系列经济、环境和社会文化方面的变化。旅游影响感知是指由旅游所在地的居民对当地开展的旅游活动所产生的影响形成一定的评价，并对此所产生的反应。旅游发展对旅游地所带来的影响感知，比较有代表性的分类方式有：经济影响感知、环境影响感知和社会文化影响感知[26~27]；积极影响感知和消极影响感知[28~30]；获益感知和成本感知[31]。拟用经济、文化、生活和环境 4 个旅游影响因子作为旅游影响感知的潜变量衡量指标，研究其与旅游开发态度之间的关系，并构建了结构方程模型。

第二节　量表设计与数据收集

量表内容经由查阅相关文献，借鉴相关成熟量表，并对疍民基层管理干部、疍民群众进行深度访谈，与专家商定，在预调查后修改完善，最后确定了 5 个潜变量、21 个测量变量。量表调查的具体内容是自编问卷“海南疍民的生活现状调查”的一部分，使用 SPSS 24.0 和 AMOS 22.0 进行数据处理和分析。表 9-1 详细展示了各个潜变量的具体测量项目，设计参考的成熟量表及其描述性统计结果。

表 9-1 变量含义及描述性统计

潜变量	设计参考	测量项目	均值	标准差	Alpha 系数
经济	Ap J，1993 史春云，2010 陆林，2005	当地经济发展水平	3.82	0.538	0.903
		就业机会	3.75	0.538	
		海洋捕捞效益	2.42	0.556	
		海水养殖效益	2.29	0.295	
		渔业收入水平	2.30	0.546	
		其他行业收入水平	3.60	0.418	
生活	李宜聪，2014	物价和生活成本	4.69	0.501	0.871
		房价和地价	4.61	0.657	
		生活压力	4.15	0.842	
文化	李宜聪，2014	保持疍家传统习俗	4.01	0.457	0.849
		认同疍家传统文化	3.76	0.632	
		道德水准	4.03	0.353	
		思想观念	4.22	0.371	
环境	欧阳润平，2010	海洋、海湾及海岸	3.95	0.842	0.837
		社会治安	4.06	0.632	
		生活社区	3.68	0.540	
		公共基础设施	4.08	0.540	
态度	汪德根，2011 Nicholas，2009	认同度	3.30	0.737	0.926
		支持度	3.59	0.767	
		参与度	3.52	0.934	

第三节 模型检验与修正

一、信度与效度分析

（1）信度分析。用 SPSS 24.0 对数据进行了信度分析，总量表的克朗巴哈 α 系数（Cronbach's Alpha）是 0.862，各个预设潜变量量表的克朗巴哈系数 α（见表 9-1）分别是经济（0.903）、生活（0.871）、文化（0.849）、环境（0.837）、态度（0.926），说明调研问卷具有较高的信度。

（2）效度分析。对样本数据进行了巴特利特（Bartlett）球形检验和 KMO 值分析。结果表明：p 值为 0.000（$p<0.001$），通过了 Bartle 球形检验，而

KMO 值为 0.804，大于 0.70，因此样本数据适合进行因子分析。采用主成分分析法对数据进行探索性因子分析，选取特征根大于 1 的 5 个因子，5 个因子累积解释总方差为 75.592%，说明选择 5 个因子是比较理想的。采取主成分提取方法和 Kaiser 标准化的正交旋转法确定因子及其项目。旋转成分矩阵结果和 5 个因子的具体项目（见表 9-2）与预先假定的潜变量（见表 9-1）大体吻合，但还是有一些出入，通过调整，把一些因子载荷低于 0.5 的项目删除，把潜变量根据 5 个因子的新特征进行了简单的重新命名，分别为生计影响感知、经济影响感知、旅游发展态度、文化及环境影响感知、生活影响感知。

表 9-2 旋转后的成分矩阵

项目内容	成分				
	生计影响感知	经济影响感知	旅游发展态度	文化及环境影响感知	生活影响感知
海水养殖效益	0.938	–	–	–	–
海洋捕捞效益	0.912	–	–	–	–
渔业收入水平	0.897	–	–	–	–
当地经济发展水平	–	0.889	–	–	–
就业机会	–	0.884	–	–	–
其他行业收入水平	–	0.815	–	–	–
支持度	–	–	0.836	–	–
认同度	–	–	0.811	–	–
参与度	–	–	0.765	–	–
海洋、海湾及海岸	–	–	–	0.869	–
疍家传统文化习俗	–	–	–	0.800	–
疍家人的道德水准	–	–	–	0.701	–
物价和生活成本	–	–	–	–	0.826
房价和地价	–	–	–	–	0.742
Cronbach's ACPha	0.831	0.802	0.927	0.915	0.846
特征值	3.408	2.388	2.096	1.534	1.158
解释累计贡献率	18.858	36.181	51.220	65.178	75.592

二、研究假设

结合探索性因子分析的结果，构建了包括 5 个潜变量和 14 个显变量的海南疍民旅游影响感知及态度的结构方程模型，拟使用结构方程模型检验、回答以下假设与问题：

假设 H_1：生计影响感知因子对疍民的旅游开发态度有显著正向影响。

假设 H_2：生活影响感知因子对疍民的旅游开发态度有显著负向影响。

假设 H_3：经济影响感知因子对疍民的旅游开发态度有显著正向影响。

假设 H_4：文化与环境影响感知因子对疍民的旅游开发态度有显著正向影响。

三、模型拟合与修正

应用 AMOS22.0 数理统计分析软件，对通过探索性因子分析调整后的（见表 9-2）5 个潜变量和 14 个测量变量进行结构分析和适配度检验，采用极大似然估计法对模型进行参数估计，采用 t 检验法对路径系数进行显著性检验。在运用修正指标进行一次修正基础上，得到模型最终的测算结果。从最终的模型拟合检验主要指标和数值可以看出（见表 9-3），相关指标值均达到判断标准，说明建立的最终 SEM 拟合度良好，是可以接受的。

表 9-3　模型拟合指标分析

指标分类	拟合指标	判断值	模型值
卡方检验与 p 值	DF	-	73
	CMIN	-	195.920
	CMIN/DF	<3	2.684
适合度指数	适配度指数（GFI）	>0.90	0.924
	调整后的支配度指数（AGFI）	>0.90	0.916
	简效性拟合指数（PGFI）	>0.50	0.587
替代性指数	正规拟合指数（NFI）	>0.90	0.925
	比较拟合指数（CFI）	>0.90	0.950
残差分析	渐近残差均方和平方根（RMSEA）	<0.08	0.0421
	标准化残差均方和平方根（SRMR）	<0.08	0.0274

第四节 结果分析

运行 AMOS 22.0，采用修正后的结构模型检验疍民旅游影响感知与发展态度之间的关系，输出修正后的结构方程，如图 9-1 所示，各测量指标的相关结果见表 9-4，5 个潜在变量的最优模型路径系数估计见表 9-5。

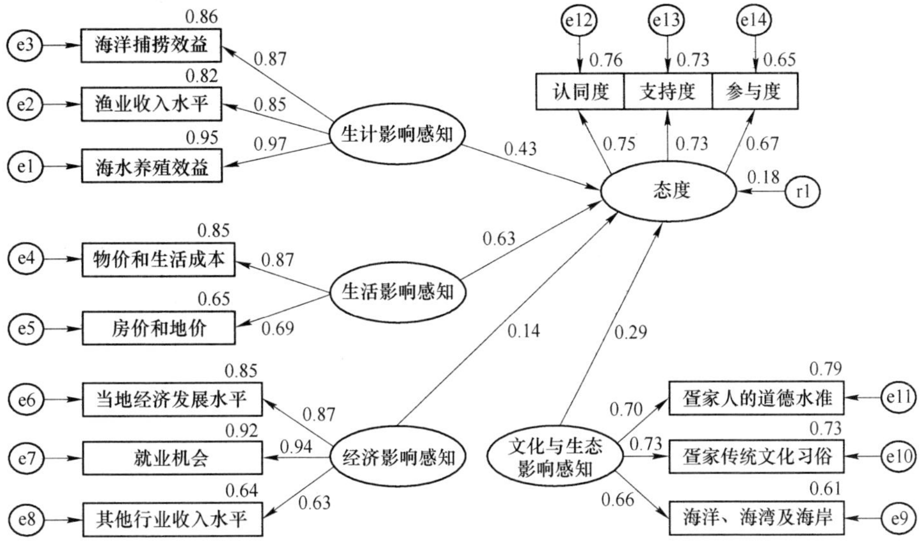

图 9-1 疍民旅游影响感知与态度的结构方程（修正后）

一、测量模型分析

运用 AMOS 22.0 获得观测变量的因素负荷量、信度系数和测量误差，据此结果分别计算出对应相关潜在变量的信度组合系数和平均变异量抽取值（见表 9-4）。测量模型中（见表 9-4 和图 9-1），从 14 个测量指标的因素负荷量、信度系数和测量误差结果可以看出，观测变量的因素负荷量最小 0.657，最大 0.975，符合因素负荷大于 0.4 的标准。信度系数最小 0.631，最大 0.950，符合信度系数大于 0.6 的标准要求。测量误差最小 0.050，最大 0.351，满足测量误差小于 0.4 的要求。因此，测量模型总体比较理想，说明疍民的旅游影响感知及态度模型中的测量指标对特定结构中潜在变量的影响都是显著的，能够解释对应的潜在变量。5 个潜在变量的组合信度最小值为

0.711，最大值为0.899，均大于0.6，对应的平均变异量抽取值最小0.486，最大0.624，均大于0.4，说明模型聚敛性较好，内在质量佳。

表9-4 观测变量与潜变量量表的信度与误差

潜变量	观测变量	因素负荷量	信度系数	测量误差	信度组合	平均变异量抽取值
生计影响感知	海水养殖效益	0.975	0.950	0.050	0.899	0.624
	渔业收入水平	0.850	0.823	0.177		
	海洋捕捞效益	0.873	0.863	0.127		
生活影响感知	房价和地价	0.685	0.652	0.351	0.753	0.523
	物价和生活成本	0.868	0.854	0.146		
经济影响感知	其他行业收入水平	0.631	0.638	0.302	0.802	0.579
	就业机会	0.936	0.915	0.302		
	当地经济发展水平	0.868	0.853	0.147		
文化与生态影响感知	疍家人的道德水准	0.699	0.789	0.311	0.709	0.486
	疍家传统文化习俗	0.727	0.729	0.271		
	海洋、海湾及海岸	0.657	0.611	0.329		
旅游发展态度	认同度	0.747	0.758	0.242	0.711	0.491
	支持度	0.726	0.727	0.273		
	参与度	0.669	0.647	0.353		

二、结构模型分析

结构模型中（见表9-5和图9-1），路径系数部分支持研究假设。其中，生计影响感知与旅游发展态度的相关系数为0.433，p为0.000，呈正向显著相关，H_1假设成立。表明蓝色旅游开发让海产品消费市场红火，海鲜价格高，疍民的渔业收益越高，他们对旅游开发越持积极态度。

生活影响感知与旅游发展态度的相关系数为-0.628，p为0.000，呈负向显著相关，H_2假设成立。表明因旅游开发带来的房价和物价上涨越快，疍民的生活成本越高，他们对旅游开发越持消极态度。

经济影响感知与旅游发展态度的相关系数为-0.137，p为0.114，呈负向不显著相关，H_3假设不成立。可能是因为虽然旅游给当地经济带来了很大发展，也带来了更多的就业机会等，但是疍民从中分享到的利益却相对有限，因此部分疍民心理更加失衡，所以反而出现负向不显著相关结果。

文化与生态影响感知与旅游发展态度的相关系数为 0.286，p 为 0.007，呈正向显著相关，H_4 假设成立。表明旅游开发在海洋生态和传统文化保护中越是起到积极作用，疍民对旅游开发越持积极态度。

表 9-5 结构方程模型标准回归路径系数

因果关系			路径系数	C. R.	p
旅游发展态度	←	生计影响感知	0.433	2.457	* * *
旅游发展态度	←	生活影响感知	−0.628	3.942	* * *
旅游发展态度	←	经济影响感知	−0.137	−2.142	0.114
旅游发展态度	←	文化与生态影响感知	0.286	2.310	* *

注：* * * 为 $p<0.00$，* * 为 $p<0.01$，* 为 $p<0.05$；C. R. 指 t 值，参考值为 1.96，C. R. 绝对值大于参考值时，具有统计显著性。

关于居民的旅游影响感知及态度，已经有相对丰富的研究成果和比较公认的研究结论。本节以疍民为研究对象，测量他们对海南蓝色旅游开发带来的影响感知及所持态度之间的因果关系。研究发现，生计、文化和生态对疍民的旅游发展态度有显著积极影响。房价、物价、生活成本等生活因素对疍民旅游发展态度有显著消极影响。经济发展、就业机会、收入水平等经济因素对疍民旅游发展态度有不显著消极影响。鉴于此，政府和旅游相关部门应该通过优化利益分配模式等办法来增加疍民的蓝色旅游开发获得感。另外，在海洋生态保护和传统文化保护方面增加保护投入，优化保护措施，从而提高疍民对旅游发展的支持度和认同度，并激发他们的参与动力，使海南的蓝色旅游开发呈现可持续发展。

文中在选取测量指标时尽量考虑全面，既要考虑居民的旅游影响感知和态度的已有研究范畴和结论，又要考虑疍民这个特殊研究对象和海南这个特殊研究区域，同时考虑指标评价与获取的可操作性，以及各指标间的内在关联性。因此，在测量模型构建时，测量指标选取不可避免存在一些主观因素，若在研究中增加一组验证样本数据，来进行交互效度评价，可以一定程度地降低模型检验虚假通过的可能性。

小 结

构建疍家人生活环境变化感知及态度的结构方程，研究表明：生计、文化和生态对疍民旅游发展态度有显著积极影响；房价、物价、生活成本等生活因素对疍民旅游发展态度有显著消极影响；经济发展、就业机会、收入水平等经济因素对疍民旅游发展态度有不显著消极影响。

参考文献

[1] 唐承财，钟林生，成升魁．旅游地可持续发展研究综述［J］．地理科学进展，2013，32（6）：984~992.

[2] 王忠福，张利．旅游地居民旅游影响感知及影响因素研究综述［J］．经济地理，2010，30（9）：1563~1568，1579.

[3] 刘丽梅，吕君．中国社区参与旅游发展研究述评［J］．地理科学进展，2010，29（8）：1018~1024.

[4] 杜宗斌，苏勤，姜辽．乡村旅游地居民社区归属感模型构建及应用：以浙江安吉为例［J］．旅游学刊，2013，28（6）：65~74.

[5] 赵玉宗．国外旅游地居民旅游感知和态度研究综述［J］．旅游学刊，2005，20（4）：85~92.

[6] Teye V，Sirakaya E. Residents Attitudes Toward Tourism Development［J］. Annals of Tourism Research，2002，29（3）：668~688.

[7] Williams J，Lawson R. Community Issues and Resident Opinions of Tourism［J］. Annals of Tourism Research，2001，28（2）：269~290.

[8] Ap J，Crompton J L. Residents' Strategies for Responding to Tourism Impacts［J］. Journal of Travel Research，1993，21（3）：47~50.

[9] Allen L R，Long P T，Perdue R R. The Impact of Tourism Development on Residents Perceptions of Community Life［J］. Journal of Travel Research，1988，26（1）：16~21.

[10] Mason P，Cheyne J. Resident Attitudes to Proposed Tourism Development［J］. Annals of Tourism Research，2000，27（2）：391~411.

[11] Gursoy D，Rutherford D G. Host Attitudes Toward Tourism：An Improved Structural Mode［J］. Annals of Tourism Research，2004，31（3）：495~516.

[12] Horn C，Simmons D. Community Adaptation to Tourism：Comparisons Between Rotorua and Kaikoura，New Zealand［J］. Tourism Management，2002，23（2）：133~143.

[13] Preglau M. Is Tias as a Valid Tourism Impact Measurement Tool［J］. Annals of Tourism Research，1994，21（4）：828~831.

[14] Rollins R. Validation of the Tias as a Tourism Impact Measurement Tool [J] . Annals of Tourism Research, 1997, 24 (3): 740~745.

[15] Ap J, Crompton J L. Developing and Testing a Tourism Impact Scale [J] . Journal of Travel Research, 1998, 37 (2): 120~130.

[16] Kim K, Uysal M, Sirgy M J. How does Tourism in a Community Impact the Quality of Life of Community Residents? [J] . Tourism Management, 2013, 36: 527~540.

[17] Nicholas L N, Thapa B, Ko Y J. Residents' Perspectives of a World Heritage Site: the Pitons Management Area [J] . Annals of Tourism Research, 2009, 36 (3): 390~412.

[18] Prayag G, Hosany S, Nunkoo R, et al. London Residents' Support for the 2012 Olympic Games: the Mediating Effect of Overall Attitude [J] . Tourism Management, 2013, 36: 629~640.

[19] 陆林. 旅游地居民态度调查研究：以皖南旅游区为例 [J] . 自然资源学报, 1996, 11 (4): 377~382.

[20] 衣传华, 黄常州. 旅游地居民对主题景区旅游影响的感知与态度：以常州环球恐龙城为例 [J] . 地理研究, 2013, 32 (6): 1166~1176.

[21] 李琛, 葛全胜, 成升魁. 国内旅游目的地居民旅游感知实证研究：以御道口森林草原风景区为例 [J] . 资源科学, 2011, 33 (9): 1806~1814.

[22] 王建民. 高速公路后评价指标体系与方法研究——基于因子分析和结构方程模型 [J] . 北京交通大学学报（社会科学版）, 2010, 9 (4): 12~15.

[23] 薛景丽, 郑新奇, 刘润润. 结构方程模型在城市研究中的应用述评 [J] . 资源开发与市场, 2012, 28 (3): 222~226.

[24] Cottrell S P, Vaske J J, Roemer J M. Resident Satisfaction with Sustainable Tourism: The Case of Frankenwald Nature Park [J] . Tourism Management Perspectives, 2013 (8): 42~48.

[25] 史春云, 韩宝平, 刘泽华, 等. 旅游地居民感知与态度的比较研究：以九寨沟、庐山和周庄为例 [J] . 经济地理, 2010, 30 (8): 1400~1407.

[26] Vargas-Sánchez A, Porras-Bueno N, Plaza- Mejia M A, et al. Explaining Residents' Attitudes to Tourism: Is a Universal Model Possible? [J] . Annals of Tourism Research, 2011, 38 (2): 460~480.

[27] 许振晓, 张捷, 曹靖, 等. 居民地方感对区域旅游发展支持度影响：以九寨沟旅游核心社区为例 [J] . 地理学报, 2009, 64 (6): 736~744.

[28] 汪侠, 甄峰, 吴小根, 等. 旅游开发的居民满意度驱动因素：以广西阳朔县为例 [J] . 地理研究, 2010, 29 (5): 841~851.

[29] Lee T H. Influence Analysis of Community Resident Support for Sustainable Tourism Devel-

opment［J］. Tourism Management，2013（34）：37~46.

［30］李宜聪，张捷，刘泽华，等. 目的地居民对旅游影响感知的结构关系——以世界自然遗产三清山为例［J］. 地理科学进展，2014，33（4）：584~592.

［31］汪德根，王金莲，陈田，等. 乡村居民旅游支持度影响模型及机理：基于不同生命周期阶段的苏州乡村旅游地比较［J］. 地理学报，2011，66（10）：1413~1426.

第四篇

海南疍家文化旅游资源的保护性开发

第十章　海南疍家文化旅游吸引力的综合评价

千百年来，海上作业，港湾栖息的生产生活方式，使海南疍家文化除了具有疍家共同的水文化特质之外，还具有更鲜明的热带海洋和海岛特色，被誉为“海南海洋文化的活化石”。其中，以海洋动植物为主要食材的饮食文化，海上舟居和海边窝棚的居住文化，多海神崇拜的信仰文化，水上婚嫁文化，咸水歌谣文化，海上生产作业文化等，都鲜为陆上居民所知晓和理解，被誉为神秘的“海上吉普赛人”。

第一节　研究方法介绍

一、层次分析法（AHP）

层次分析法，简称AHP，是指将与决策总是有关的元素分解成目标、准则、方案等层次，在此基础之上进行定性和定量分析的决策方法。该方法是美国运筹学家、匹茨堡大学教授萨蒂于20世纪70年代初，应用网络系统理论和多目标综合评价方法，提出的一种层次权重决策分析方法。层次分析法比较适合于具有分层交错评价指标的目标系统，而且目标值又难于定量描述的决策问题。

层次分析法是将决策问题按总目标、各层子目标、评价准则，直至具体的备投方案的顺序分解为不同的层次结构，然后经过求解，判断矩阵特征向量的办法，求得每一层次的各元素对上一层次某元素的优先权重，最后再采用计算加权和的方法递阶归并各备择方案对总目标的最终权重，此最终权重最大者即为最优方案。

（一）基本原理

层次分析法的基本原理是：根据问题的性质和要达到的总目标，将问题分解为不同的组成因素，并按照因素间的相互关联影响以及隶属关系将因素按不同层次聚集组合，形成一个多层次的分析结构模型，从而最终使问题归结为最低层相对于最高层的相对重要权值的确定或相对优劣次序的排定。

（二）计算步骤

（1）建立层次结构模型。将决策的目标、考虑的因素和决策对象按他们之间的相互关系分为最高层、中间层和最低层，绘出层次结构图。最高层是指决策的目的、要解决的问题。最低层是指决策时的备选方案。中间层是指考虑的因素、决策的准则。对于相邻的两层，称高层为目标层，低层为因素层。

（2）构造判断矩阵。在确定各层次各因素之间的权重时，如果只是定性的结果，则常常不容易被别人接受，因而 Santy 等人提出一致矩阵法，即不把所有因素放在一起比较，而是两两相互比较，对此采用相对尺度，以尽可能减少性质不同的诸因素相互比较的困难，以提高准确度。如对某一准则，对其下的各方案进行两两对比，并按其重要性程度评定等级。a_{ij}为要素 i 与要素 j 重要性比较结果，表 10-1 列出 Santy 给出的 9 个重要性等级及其赋值。按两两比较结果构成的矩阵称作判断矩阵，判断矩阵元素 a_{ij}的标度方法见表 10-1。

表 10-1　标度对照表

标　度	含　　义
1	X_i 与 X_j 的重要性之比相同
3	X_i 与 X_j 的重要性之比稍强
5	X_i 与 X_j 的重要性之比强
7	X_i 与 X_j 的重要性之比明显的强
9	X_i 与 X_j 的重要性之比非常的强
2、4、6、8	X_i 与 X_j 的重要性之比在上述两个相邻等级之间
倒数	X_i 与 X_j 的重要性之比为上面的互反数

（3）层次单排序及其一致性检验。对应于判断矩阵最大特征根 λ_{max} 的特征向量，经归一化（使向量中各元素之和等于 1）后记为 W。W 的元素为同一层次因素对于上一层次因素某因素而言相对重要性的排序权值，这一过程称为层次单排序。能否确认层次单排序，则需要进行一致性检验，所谓一致性检验是指对构造的判断矩阵 A 确定不一致的允许范围。其中，n 阶一致阵的唯一非零特征根为 n；n 阶正互反阵 A 的最大特征根 $\lambda \geqslant n$，当且仅当 $\lambda = n$

时，A 为一致矩阵。由于 λ 连续的依赖于 a_{ij}，则 λ 比 n 大的越多，A 的不一致性越严重，一致性指标用 CI 计算，CI 越小，说明一致性越大。用最大特征值对应的特征向量作为被比较因素对上层某因素影响程度的权向量，其不一致程度越大，引起的判断误差越大。因而可以用 $\lambda-n$ 数值的大小来衡量 A 的不一致程度。定义一致性指标为：$CI=\frac{\lambda-n}{n-1}$，$CI=0$，有完全的一致性；CI 接近于 0，有满意的一致性；CI 越大，不一致越严重。为衡量 CI 的大小，引入随机一致性指标 RI：$RI=\frac{CI_1+CI_2+\cdots+CI_n}{n}$。其中，随机一致性指标 RI 和判断矩阵的阶数有关，一般情况下，矩阵阶数越大，则出现一致性随机偏离的可能性也越大，其对应关系见表 10-2。

表 10-2　平均随机一致性指标 *RI* 标准值

矩阵阶数	1	2	3	4	5	6	7	8	9	10
RI	0	0	0. 58	0. 90	1. 12	1. 24	1. 32	1. 41	1. 45	1. 49

考虑到一致性的偏离可能是由于随机原因造成的，因此在检验判断矩阵是否具有满意的一致性时，还需将 CI 和随机一致性指标 RI 进行比较，得出检验系数 CR，公式如下：$CR=\frac{CI}{RI}$。一般，如果 $CR<0.1$，则认为该判断矩阵通过一致性检验，否则就不具有满意一致性。

(4) 层次总排序及其一致性检验。计算某一层次所有因素对于最高层相对重要性的权值，称为层次总排序。这一过程是从最高层次到最低层次依次进行的。

二、模糊综合评价法

模糊综合评价法是一种应用非常广泛并且有效的模糊数学方法。所谓模糊综合评价法，简单地说，就是运用模糊数学和模糊统计方法，通过对影响某事物的各个因素的综合考虑，对该事物的优劣做出科学的评价。模糊综合评价就是应用模糊变换原理和最大隶属度原则，考虑与被评价事物相关的各个因素，从而对其所做的综合评价。模糊综合评价是对受多种因素影响的事物做出全面评估的一种十分有效的多因素决策方法。模糊综合评价法包含确定评价对象指标集、确定评价集、建立多因素评价、确定模糊评价矩阵等几个步骤。

第一，确定评价对象指标集。设评估指标体系共有 m 个指标，则评价对象的指标集合表示为 $U=\{U_1, U_2, \cdots, U_m\}$，其中 U_i（$i=1, 2, \cdots, m$）是评估对象的第 i 项指标。

第二，确定评价集。评价集是指对评估对象各种可能做出的评语的总的集合，如“优秀”“良好”“一般”“差”“很差”或“高、中、低”。设集合 U 每一个评语标志为 V_j（$j=1, 2, \cdots, m$），则 n 个评语可以表示为 $V=\{V_1, V_2, \cdots, V_n\}$。

第三，建立多因素评价。由于每个指标的重要性不同，就有必要对各指标的重要性进行赋值，确定各指标的重要性等级。多因素评价最重要的环节之一是确定各因素的权重，即指标体系权重集 A。可以通过层次分析法计算权重，也可以通过专家赋值法确定权重。设有 m 个指标，每个指标的权重为 $a_i(i=1, 2, \cdots, m)$，$a_i \in [0, 1]$，则权重集表示为 $A=\{a_1, a_2, \cdots, a_n\}$，其中，$a_1+a_2+\cdots+a_n=1$。当涉及需要从不同方面来综合评价某一事物时，得到的将是一个综合的评价结果，该结果仍是评语集合 V 这一论域上的一个模糊子集合 B_1，这就是综合评价问题。因此，对于多因素评价来说，若评语集合为 V，每一项指标的评估结果用 $R_i(i=1, 2, \cdots, n)$ 来表示，则 $R_1=r_1(V_1)+r_2(V_2)+\cdots+r_n(V_n)$，$R_1$ 可以记做向量形式：$B_1=[r_1, r_2, \cdots, r_n]$，则对于包含 m 个指标的评估结果来说，$B=(R_1, R_2, \cdots, R_m)$，其中 $R_j \in [0, 1]$（$j=1, 2, \cdots, n$），表示为第 j 指标的评估结果。

第四，确定模糊评价矩阵 R。建立模糊评价模型之前，应先建立模糊评价矩阵 R。其中，$r_{ij}(i=1, 2, \cdots, m; j=1, 2, \cdots, n)$ 表示对于第 i 个指标做出第 j 种评语的可能程度，其值可以通过专家评分或层次分析法计算得出。

最后，建立模糊综合评价的数学模型，进行综合评价。模糊综合评价法的关键就在于将评价集 U 上的一个模糊集合 A 经过模糊关系 R 变换为评语集合 V，这就是模糊综合评价的数学模型。B 也可以记为 $B=(b_1, b_2, \cdots, b_n)$。模糊综合评价方法能够使定性的评价得出量化的结果，而且在对各项指标评价之后可清楚明确地对其进行比较，得出各项指标的强弱。这有助于公共组织找出问题的根源，以提出有针对性的改进策略。

科学合理地开发海南疍家文化旅游资源，首先应该对其旅游吸引力进行客观评价和准确定位。文化旅游吸引力受多种因素影响，各因素间具有模糊性，因此，模糊综合评价法是对其进行定量评价的有效方法。模糊综合评价法目前广泛应用于经济和管理领域，在旅游管理领域也有应用，主要用来评价旅游资源开发潜力[1,2]，旅游吸引力[3~7]等。

第二节 构建疍家文化旅游吸引力评价指标体系

目前关于疍家文化旅游的研究成果较少，没有关于疍家文化旅游吸引力评价方面的成果，因此，没有可以借鉴和参考的评价指标体系。在对疍家文化进行前期调查、分析、梳理和筛选的基础上，初步选取评价指标，并对相关领域的专家学者进行访谈，征询专家意见，对指标进行调整，最终将评价指标体系按照 6 个通常的旅游要素：吃、住、行、游、购、娱进行分类，每类选取可能被开发的疍家文化旅游吸引物作为评价指标，构建成由 6 个一级指标，17 个二级指标组成的疍家文化旅游吸引力评价指标体系（见表 10-3）。

表 10-3 疍家文化旅游吸引力评价指标体系

目标层	准则层	指标层
疍家文化旅游吸引力评价 A	饮食 B_1	疍家渔排海鲜 B_{11}
		疍家特色小吃 B_{12}
		现代海上餐厅 B_{13}
	住宿 B_2	海上船屋 B_{21}
		海边疍家棚 B_{22}
	购物 B_3	疍家酒 B_{31}
		珍珠海贝等饰品 B_{32}
		海产品干货 B_{33}
	游览景观 B_4	滨海风光 B_{41}
		海洋水族馆 B_{42}
		疍家民俗文化博物馆 B_{43}
	娱乐项目 B_5	现代滨海娱乐类项目 B_{51}
		疍家传统体育类项目 B_{52}
		疍家民俗文化类项目 B_{53}
	交通工具 B_6	浮桥 B_{61}
		传统人力舟 B_{62}
		现代动力船 B_{63}

一、饮食

饮食包含3个二级指标，疍家渔排海鲜，疍家特色小吃和现代海上餐厅。疍家渔排海鲜是在疍家船上吃的一种海鲜自助火锅，从海里捞上来海鲜，清洗后直接放到清汤火锅里煮，熟后蘸特制酱料食用。疍家特色小吃主要有疍家糕、疍家粥、海鲜烧烤等，疍家糕是用植物叶和米一起磨，然后蒸熟的糕点，选择的多数植物叶具有清热解毒避暑提神等作用。疍家粥是用各种新鲜海鲜和米为主要食材熬制的粥，有鱼粥、蟹粥、螺粥等。海鲜烧烤的主要材料是扇贝、鲍鱼、生蚝、海蟹、海虾等海鲜类食材。现代海上餐厅建在海上，四周都是海水，餐厅里随时都可以看到海景，内部设计现代奢华。

二、住宿

住宿包含2个二级指标，海上船屋和海边疍家棚。海上船屋是像浮标那样，可以稳稳地漂浮在海面上，开启发动机，船屋就可以在海面上慢慢前行，不但外观漂亮，而且现代化设施一应俱全。海边疍家棚是在岸边临水搭建的，用木头、茅草、竹子等材料做的简单棚屋。

三、购物

购物包含3个二级指标，疍家酒、珍珠海贝等饰品和海产品干货。疍家酒是以海洋产品为主要原料，辅以米酒和名贵中草药，汲取疍家传统健体养生之精华制作而成的养生保健酒，主要有鲨鱼翅燕窝酒、鳖鱼胶人参酒、鳝鱼虫草药酒、虎鲨皮红枣酒、海马北芪酒等。珍珠海贝等饰品是各种珍珠、贝壳、海螺等做成的用品和饰品等。海产品干货包括各种鱼类、贝类、螺类、虾类等。

四、游览景观

游览景观包含3个二级指标：滨海风光、海洋水族馆和疍家民俗文化博物馆。游滨海风光，观赏碧海、蓝天、椰树等热带滨海风光，游海洋水族馆，观赏各种海洋生物。游疍家民俗文化博物馆，了解海南疍家历史和文化。

五、娱乐项目

娱乐项目包含3个二级指标，现代娱乐类项目、疍家传统体育类娱乐项目和疍家民俗文化类娱乐项目。现代娱乐类项目主要包括海上、海底和沙滩上的一些现代娱乐，有海上酒吧、海钓、潜水、滑水、帆船、冲浪、快艇、摩托艇、沙滩排球、沙滩足球等。疍家传统体育类娱乐项目主要包括游泳、划龙舟、驾船、出海打鱼、水下采珍珠等。出海打鱼可以体验疍家人在海上驾船、撒网、拖网、钓鱼等海上作业技能。水下采珍珠需要高超的潜水技能和冒险精神。疍家民俗文化类娱乐项目主要有疍家人为了祈福丰收和出海平安，表达对海洋的敬畏和感恩的祭海仪式，咸水歌哭嫁、花艇迎亲等习俗。

六、交通工具

交通工具包含 3 个二级指标：浮桥、传统人力舟、现代动力船。浮桥比较方便，传统人力舟比较有意境，现代动力船比较刺激。

第三节 确定指标权重

在疍家文化旅游吸引力评价过程中，赋予各指标不同的权重值，以突出他们对整个评价体系的贡献，是一个非常重要的过程。层次分析法（AHP）是一种能将定性的经验判断得以量化的有效系统分析方法。本书采用 AHP 方法，通过专家评估各项指标的相对重要性，构建判断矩阵，然后运算得到指标权重系数。

一、构造判断矩阵

为了得到量化的判断矩阵，本研究采用 1~9 的标度法（见表 10-1），请 5 位相关专家，分别考查一级指标和二级指标的相对重要性，得出判断矩阵，结果见表 10-4~表 10-10。

表 10-4 一级指标的判断矩阵

矩阵	饮食 B_1	住宿 B_2	购物 B_3	游览景观 B_4	娱乐项目 B_5	交通工具 B_6
饮食 B_1	1	1	3	1/4	1/5	7
住宿 B_2	1	1	2	1/3	1/6	8
购物 B_3	1/3	1/2	1	1/5	1/7	3
游览景观 B_4	4	3	5	1	1/3	8
娱乐项目 B_5	5	6	7	3	1	9
交通工具 B_6	1/7	1/8	1/3	1/8	1/9	1

二、计算一级指标权重

根据表 10-4，得出矩阵 $A=\begin{bmatrix} 1 & 1 & 3 & 1/4 & 1/5 & 7 \\ 1 & 1 & 2 & 1/3 & 1/6 & 8 \\ 1/3 & 1/2 & 1 & 1/5 & 1/7 & 3 \\ 4 & 3 & 5 & 1 & 1/3 & 8 \\ 5 & 6 & 7 & 3 & 1 & 9 \\ 1/7 & 1/8 & 1/3 & 1/8 & 1/9 & 1 \end{bmatrix}$

（1）计算判断矩阵。A 每一行元素的乘积为 M_i，$M_i=\prod_{j=1}^{n}a_{ij}$（$i=1$，2，3，…，6），$a_{ij}$为矩阵 A 中的元素。则：

$$M_1=1\times1\times3\times\frac{1}{4}\times\frac{1}{5}\times7=\frac{21}{20}$$

按此方法，计算得出了 $M_2=\frac{16}{18}$，$M_3=\frac{3}{210}$，$M_4=160$，$M_5=5670$，$M_6=\frac{1}{12069}$。

（2）计算 M_i 的 n 次方根。设方根为$\overline{W_1}$，则$\overline{W_i}=\sqrt[6]{M_i}$（$i=1$，2，3，…，6），据此得：

$$\overline{W_1}=\sqrt[6]{\frac{21}{20}}=1.0082$$

同理，可以算出$\overline{W_2}=0.9806$，$\overline{W_3}=0.4926$，$\overline{W_4}=2.3210$，$\overline{W_5}=4.2228$，$\overline{W_6}=0.2088$。

（3）将$\overline{W_i}$归一化。$W_i=\overline{W_i}/\sum_{i=1}^{n}\overline{W_i}$，$W_i$ 即为所求各指标权重。

$$\sum_{i=1}^{6}\overline{W_i}=1.0082+0.9806+0.4926+2.3210+4.2228+0.2088=9.234$$

$$W_1=\overline{W_1}/\sum_{i=1}^{6}\overline{W_i}=\frac{1.0082}{9.234}=0.1091$$

同理计算得出，$W_2=0.1062$，$W_3=0.0533$，$W_4=0.2513$，$W_5=0.4573$，$W_6=0.0219$。

（4）计算判断矩阵 A 的最大特征值 λ_{max}。$\lambda_{max}=6.3733$。

（5）计算一致性指标 C_i。$C_i=\frac{\lambda_{max}-n}{n-1}=\frac{6.3733-6}{6-1}=0.07466$。

（6）计算一致性比率 C_R。$C_R=C_i/R_i=\frac{0.07466}{1.24}=0.0602<0.1$。

因此，判断矩阵 A 具有满意一致性。所以，（B_1，B_2，B_3，B_4，B_5，B_6）的权重 W 为（0.1091，0.1062，0.0533，0.2513，0.4573，0.0219）。

第四节　二级指标权重计算及一致性检验

根据一级指标权重的相同算法，分别求出二级指标对应的 6 个判断矩阵的权重和最大特征值 λ_{max}，一致性检验值 C_i 及 C_R。结果见表 10-5～表 10-10。

表 10-5　判断矩阵 A_1—B_{1j}

矩阵	B_{11}	B_{12}	B_{13}	W_1	
B_{11}	1	5	8	0.7327	$\lambda_{max}=3.0939$
B_{12}	1/5	1	4	0.1989	$C_i=0.0469$
B_{13}	1/8	1/4	1	0.0674	$C_R=0.0809$

表 10-6　判断矩阵 A_2—B_{2j}

矩阵	B_{21}	B_{22}	W_2	
B_{21}	1	1	0.5	$\lambda_{max}=2$
B_{22}	1	1	0.5	$C_i=C_R=0$

表 10-7　判断矩阵 A_3—B_{3j}

矩阵	B_{31}	B_{32}	B_{33}	W_3	
B_{31}	1	5	7	0.7223	$\lambda_{max}=2.1890$
B_{32}	1/5	1	4	0.2050	$C_i=0.0618$
B_{33}	1/7	1/4	1	0.0727	$C_R=0.0865$

表 10-8　判断矩阵 A_4—B_{4j}

矩阵	B_{41}	B_{42}	B_{43}	W_4	
B_{41}	1	1/4	1/8	0.0701	$\lambda_{max}=3.0535$
B_{42}	4	1	1/4	0.2228	$C_i=0.0267$
B_{43}	8	4	1	0.7071	$C_R=0.0461$

表 10-9　判断矩阵 A_5—B_{5j}

矩阵	B_{51}	B_{52}	B_{53}	W_5	
B_{51}	1	1/6	1/7	0.0668	$\lambda_{max}=3.0999$
B_{52}	6	1	1/3	0.2925	$C_i=0.0499$
B_{53}	7	3	1	0.6407	$C_R=0.0861$

表 10-10　判断矩阵 A_6—B_{6j}

矩阵	B_{61}	B_{62}	B_{63}	W_6	
B_{61}	1	1/3	1/2	0.1691	$\lambda_{max}=3.0058$
B_{62}	3	1	1	0.4435	$C_i=0.0029$
B_{63}	2	1	1	0.3874	$C_R=0.005$

以上各层排序都具有满意一致性。将各层指标的权重汇总后得到表10-11。经计算，总排序一致性指标 $C_R=0.06245<0.1$，因此总排序具有满意一致性。

表 10-11　指标权重汇总表及排序

B	B_1	B_2	B_3	B_4	B_5	B_6	W	排序
	0.1091	0.1062	0.0533	0.2513	0.4573	0.0219		
B_{11}	0.7327						0.0799	4
B_{12}	0.1989						0.0217	9
B_{13}	0.0674						0.0073	14
B_{21}		0.5					0.0531	6
B_{22}		0.5					0.0531	6
B_{31}			0.7223				0.0385	7
B_{32}			0.2050				0.0109	11
B_{33}			0.0727				0.0039	15
B_{41}				0.0701			0.0176	10
B_{42}				0.2228			0.0560	5
B_{43}				0.7071			0.1777	2
B_{51}					0.0668		0.0305	8
B_{52}					0.2925		0.1338	3
B_{53}					0.6407		0.2930	1

续表 10-11

B	B_1	B_2	B_3	B_4	B_5	B_6	W	排序
	0.1091	0.1062	0.0533	0.2513	0.4573	0.0219		
B_{61}						0.1691	0.0037	16
B_{62}						0.4435	0.0097	12
B_{63}						0.3874	0.0085	13

第五节 问卷调查及数据获取

一、问卷设计

调查问卷由两部分构成：第一部分是被调查者的基本情况调查，人口统计因素和旅游行为特征调查。第二部分是问卷的主体，主要调查游客对疍家文化旅游的喜好程度。本书采用 5 级评分制，评语集=(很不喜欢，比较不喜欢，一般，比较喜欢，很喜欢)=(1，2，3，4，5)。分值越低，说明越不喜欢或越没有吸引力，分值越高，说明越喜欢或越有吸引力。

二、数据收集

为了最大程度的使样本数据能够代表海南疍家文化旅游潜在需求者的情况，方便数据收集，本次调查对象选择到访三亚的游客，采用在三亚及周边的游客集中景区或酒店进行随机拦截，当面一对一进行问卷发放、解说、填写及回收工作。调查组于 2016 年 5 月初开始组织试调查，6 月中旬正式调查结束，前后历时近 2 个月。本次调查共发放问卷 400 份，回收的有效问卷 349 份，采用 SPSS 22.0 软件进行数据录入和处理。

三、被调查者的基本情况分析

本次调查的 349 名游客中，男性（53.6%）比例略高于女性（46.4%）。主要集中在 18~30 周岁（55.3%）和 31~50 周岁（25.5%）两个年龄段。学历层次中，本科（50.7%）占一半，学历水平较高。职业构成中，企事业职员（19.2%）、企业经营者（17.2%）和自由职业者（16.0%）排在前三位。

四、疍家文化旅游吸引力评价数据汇总

疍家文化旅游吸引力评价汇总表，见表 10-12。

表 10-12　疍家文化旅游吸引力评价汇总表（$N=349$）

指标	很不喜欢（1分）		比较不喜欢（2分）		一般（3分）		比较喜欢（4分）		很喜欢（5分）	
	人数	比例/%	人数	比例/%	人数	比例/%	人数	比例/%	人数	比例/%
疍家渔排海鲜	3	0.9	23	6.6	86	24.6	110	31.5	127	36.4
疍家特色小吃	12	3.4	30	8.6	99	28.4	97	27.8	111	31.8
现代海上餐厅	10	2.9	29	8.3	68	19.5	95	27.2	147	42.1
海上船屋	11	3.2	32	9.2	84	24.1	120	34.4	102	29.2
海边疍家棚	5	1.4	36	10.3	85	24.4	117	33.5	106	30.4
疍家酒	51	14.6	43	12.3	86	24.6	87	24.9	82	23.5
珍珠海贝等饰品	41	11.7	61	17.5	76	21.8	96	27.5	75	21.5
海产品干货	23	6.6	48	13.8	92	26.4	104	29.8	82	23.5
滨海风光	3	0.9	19	5.4	55	15.8	115	33.0	157	45.0
海洋水族馆	4	1.1	26	7.4	65	18.6	117	33.5	137	39.3
疍家文化博物馆	16	4.6	40	11.5	88	25.2	105	30.1	100	28.7
现代滨海娱乐类项目	12	3.4	24	6.9	81	23.2	115	33.0	117	33.5
疍家传统体育类项目	5	1.4	36	10.3	66	18.9	118	33.8	124	35.5
疍家民俗文化类项目	10	2.9	29	8.3	98	28.1	94	26.9	118	33.8
浮桥	17	4.9	42	12.0	86	24.6	108	30.9	96	27.5
传统人力舟	16	4.6	52	14.9	92	26.4	98	28.1	91	26.1
现代动力船	10	2.9	42	12.0	75	21.5	99	28.4	123	35.2

第六节　模糊综合评价

根据表 10-12，构造模糊关系矩阵：

$$R_1=\begin{bmatrix}0.009 & 0.066 & 0.246 & 0.315 & 0.346\\ 0.034 & 0.086 & 0.284 & 0.278 & 0.318\\ 0.029 & 0.083 & 0.195 & 0.272 & 0.421\end{bmatrix}$$

$$R_2=\begin{bmatrix}0.032 & 0.092 & 0.241 & 0.344 & 0.292\\ 0.014 & 0.103 & 0.244 & 0.335 & 0.304\end{bmatrix}$$

$$R_3=\begin{bmatrix}0.146 & 0.123 & 0.246 & 0.249 & 0.235\\ 0.117 & 0.175 & 0.218 & 0.275 & 0.215\\ 0.066 & 0.138 & 0.264 & 0.298 & 0.235\end{bmatrix}$$

$$R_4=\begin{bmatrix}0.009 & 0.054 & 0.158 & 0.330 & 0.450\\ 0.011 & 0.074 & 0.186 & 0.335 & 0.393\\ 0.046 & 0.115 & 0.252 & 0.301 & 0.287\end{bmatrix}$$

$$R_5=\begin{bmatrix}0.034 & 0.069 & 0.232 & 0.330 & 0.335\\ 0.014 & 0.103 & 0.189 & 0.338 & 0.355\\ 0.029 & 0.083 & 0.281 & 0.269 & 0.338\end{bmatrix}$$

$$R_6=\begin{bmatrix}0.049 & 0.120 & 0.246 & 0.309 & 0.275\\ 0.046 & 0.149 & 0.264 & 0.281 & 0.261\\ 0.029 & 0.120 & 0.215 & 0.284 & 0.352\end{bmatrix}$$

采用普通矩阵乘法，经过合成运算，得到各一级指标的综合评判结果，分别为：

$B_1=W_1\times R_1=(0.0153,\ 0.0711,\ 0.2499,\ 0.3044,\ 0.3451)$

$B_2=W_2\times R_2=(0.023,\ 0.0975,\ 0.2425,\ 0.3395,\ 0.298)$

$B_3=W_3\times R_3=(0.1342,\ 0.1347,\ 0.2415,\ 0.2579,\ 0.2309)$

$B_4=W_4\times R_4=(0.0356,\ 0.1016,\ 0.2307,\ 0.3106,\ 0.3220)$

$B_5=W_5\times R_5=(0.0249,\ 0.0879,\ 0.2508,\ 0.2932,\ 0.3428)$

$B_6=W_6\times R_6=(0.0399,\ 0.1328,\ 0.2419,\ 0.2869,\ 0.2986)$

根据最大隶属原则，设 $V=(1,\ 2,\ 3,\ 4,\ 5)$，通过参数平均法对二级指标的模糊评价结果进行量化，得到的结果见表 10-13。

表 10-13　一级指标评价值表

一级指标	模糊聚集					模糊评价值	排序
	很不喜欢	比较不喜欢	一般	比较喜欢	很喜欢		
饮食	0.0153	0.0711	0.2499	0.3044	0.3451	3.8503	1
住宿	0.0230	0.0975	0.2425	0.3395	0.2980	3.7935	3
购物	0.1342	0.1347	0.2415	0.2579	0.2309	3.3142	6
游览景观	0.0356	0.1016	0.2307	0.3106	0.3220	3.7833	4

续表 10-13

一级指标	模糊聚集					模糊评价值	排序
	很不喜欢	比较不喜欢	一般	比较喜欢	很喜欢		
娱乐项目	0.0249	0.0879	0.2508	0.2932	0.3428	3.8399	2
交通工具	0.0399	0.1328	0.2419	0.2869	0.2986	3.6718	5

疍家文化旅游吸引力综合评价结果为：

$$B=W\times R=(0.1091,\ 0.1062,\ 0.0533,\ 0.2513,\ 0.4573,\ 0.0219)\times\begin{bmatrix}0.0153 & 0.0711 & 0.2499 & 0.3044 & 0.3451\\0.0230 & 0.0975 & 0.2425 & 0.3395 & 0.2980\\0.1342 & 0.1347 & 0.2415 & 0.2579 & 0.2309\\0.0356 & 0.1016 & 0.2307 & 0.3106 & 0.3220\\0.0249 & 0.0879 & 0.2508 & 0.2932 & 0.3428\\0.0399 & 0.1328 & 0.2419 & 0.2869 & 0.2986\end{bmatrix}$$

$$=(0.0327,\ 0.0939,\ 0.2442,\ 0.3024,\ 0.3268)$$

$$\text{总得分}=(0.0327,\ 0.0939,\ 0.2442,\ 0.3024,\ 0.3268)\times(1,\ 2,\ 3,\ 4,\ 5)^T=3.7967$$

第七节　结果分析

一、指标权重计算结果

指标权重结果从表 10-11 可以看出，疍家民俗文化类项目的权重最高，占 29.30%，疍家文化博物馆的权重排第二，占 17.77%，疍家传统体育类项目排第三，占 13.38%。权重排序后 3 位的是浮桥、海产品干货、现代海上餐厅。

二、吸引力单项指标调查结果

吸引力调查的单项指标结果表明（见表 10-12），对游客来说，吸引力最大的首先是滨海风光、海洋水族馆、现代娱乐类项目、现代海上餐厅等普通滨海游要素。疍家文化特色要素如疍家渔排、疍家传统体育类项目、疍家民俗文化类项目等只能排在后面。

三、模糊综合评价结果

疍家文化旅游吸引力综合评价结果为 3.7967，说明潜在游客对疍家文化旅游吸引力的总体评价偏向于比较喜欢。由一级指标的评判结果和最终模糊综合评价值（见表 10-13）可以看出，6 个一级指标的最终模糊综合评价值都在 3~4 之间，居于一般至比较喜欢的区间，排名第一的是饮食，得分 3.8503，第二是娱乐项目，得分 3.8399，第三是住宿，得分 3.7935，第四是游览景观，得分 3.7833，第五是交通工具，得分 3.6718，最后一名是购物，得分 3.3142。

小　　结

疍家文化旅游开发过程中，对权重较大的能凸显疍家文化旅游特色的指标如：疍家民俗文化类项目，疍家传统体育类项目，疍家文化博物馆，疍家渔排海鲜要进行多方深度挖掘，重点关注和加大投入。对权重排序靠后的指标，可以适当减少关注和投入。

疍家文化特色旅游要素的吸引力没有普通滨海旅游要素的吸引力大，主要原因可能是多数游客对疍家文化的认知度较低，对其文化特色印象模糊。因此，应通过多种传播媒介和活动方式，加大疍家文化宣传，提高游客对其的关注度和认知度，从而提升旅游吸引力。另外，离开了海洋观光旅游主体，疍家文化旅游产品的吸引力相对有限。因此，疍家文化旅游更适合依附于海洋观光旅游，进行组合性开发，才能实现自然和文化旅游相互促进，相得益彰。

6 个一级指标的最终模糊综合评价值中，购物吸引力排最后，原因可能是游客把疍家文化旅游购物中的疍家酒，珍珠海贝饰品，海产品干货与普通商店超市的相关商品混淆。因此，应该加大研究疍家文化旅游购物环节的体验营销，让游客参与到疍家酒、海产品干货的某些制作流程，或者可以参观其相关过程，保证加工的天然无添加和原材料的高品质，提高购物吸引力。开发珍珠海贝的养殖采摘等体验区，加强相关购物的吸引力。

参考文献

[1] 刘英，刘晓静，梁宗正．基于 AHP 和模糊数学的河南省体育旅游资源评价研究［J］．地域研究与开发，2012，31（3）：108~111.

[2] 李明峰．基于模糊数学法的滨海体育旅游资源评价研究——以福建东山岛为例［J］．漳州师范学院学报（自然科学版），2012，78（4）：83~88.

[3] 贺小荣，谭志云．非物质文化遗产旅游吸引力的评价与启示［J］．南京社会科学，2013（11）：139~144.

[4] 韩倩倩，张杰．基于模糊综合评价法的露营旅游产业化发展研究——以黑龙江省为例［J］．森林工程，2013，29（3）：133~137.

[5] 丘萍．水利旅游吸引力评价模型与实证研究［J］．资源开发与市场，2012，28（8）：751~754.

[6] 方法林，尹立杰，张郴．城市旅游综合竞争力评价模型建构与实证研究［J］．地域研究与开发，2013，32（1）：92~97.

[7] 张蓉珍，高凡．西安旅游吸引力评价及提升对策研究［J］．西安文理学院学报（自然科学版），2014，17（1）：115~118.

第十一章 游客对海南疍家文化旅游的需求偏好分析

疍家文化旅游开发的规划和论证，应该综合考虑市场需求和资源供给双方面的情况。从市场角度，调查和分析游客对疍家文化旅游的需求及偏好情况，为相关开发和论证提供一定的现实参考依据。

第一节 游客对海南疍家文化旅游需求的描述性分析

一、研究设计

（1）问卷设计。调查问卷共有三个部分：第一部分是游客的人口统计因素调查，第二部分是游客的旅游行为调查，第三部分是游客的疍家文化旅游需求情况调查，该部分采用 5 点李克特量表，让游客就相关可能开发的疍家文化旅游项目打分，最高 5 分，最低 1 分，分值越高，说明越喜欢，分值越低，说明越不喜欢。

（2）数据收集。本次问卷调查的对象是到访三亚的游客，在三亚及周边的游客集中带进行随机拦截调查。本次调查共发放问卷 400 份，回收的有效问卷 349 份，采用 SPSS 22.0 软件进行数据录入和处理。

二、人口统计分析

本次调查的 349 名游客中（见表 11-1），女性 162 人，占总体比例的 46.4%；男性 187 人，占总体比例的 53.6%，男女比例较为合理。被调查者的年龄分布，18 周岁以下有 19 人，占 5.4%；18～30 周岁有 193 人，占 55.3%；31～50 周岁有 89 人，占 25.5%；51～65 周岁有 37 人，占 10.6%；65 周岁以上有 11 人，占 3.2%。从年龄分布层次看，旅游者年富力强者居多。学历层次中，初中及以下 20 人，占 5.7%；高中/大专 113 人，占

32.4%；本科 117 人，占 50.7%；研究生及以上 38 人，占 10.9%。受访者的学历水平较高，本科及以上学历占 60%以上。家庭年收入情况中，8 万元以下 106 人，占 30.4%，8 万～15 万元 126 人，占 36.1%；15 万～30 万元 83 人，占 23.8%；30 万～100 万元 25 人，占 7.2%；100 万元以上 8 人，占 2.3%。从收入情况看，主要是中高收入家庭。职业构成中，政府公务员有 17 人，占 4.9%；企事业职员 67 人，占 19.2%；企业经营者有 60 人，占 17.2%；专业技术人员 34 人，占 9.7%；自由职业者有 56 人，占 16.0%；学生 48 人，占 13.8%；个体有 34 人，占 9.7%；离退休人员 16 人，占 4.6%。

表 11-1　被调查者的人口统计特征（N=349）

项目	样本特征	样本数	比例/%
性别	男	187	53.6
	女	162	46.4
年龄	18 周岁以下	19	5.4
	18～30 周岁	193	55.3
	31～50 周岁	89	25.5
	51～65 周岁	37	10.6
	65 周岁以上	11	3.2
学历	初中及以下	20	5.7
	高中/大专	113	32.4
	本科	177	50.7
	研究生及以上	38	10.9

项目	样本特征	样本数	比例/%
家庭年收入	8 万元以下	106	30.4
	8 万～15 万元	126	36.1
	15 万～30 万元	83	23.8
	30 万～100 万元	25	7.2
	100 万元以上	8	2.3
职业	政府公务员	17	4.9
	企事业职员	67	19.2
	企业经营者	60	17.2
	专业技术人员	34	9.7
	自由职业者	56	16.0
	学生	48	13.8
	个体	34	9.7
	离退休人员	16	4.6

三、游客的旅游行为分析

（1）游客到访海南的次数。调查发现（如图 11-1 所示），多数游客都不是第一次来海南。第一次来海南的游客只有 191 人，占 32.1%，第二次来海南的游客有 162 人，占 29.5%，第三次来海南的游客 100 人，占 10.9%，来海南 3 次以上的游客有 259 人，占 27.5%。

（2）游客本次在海南的停留时间。调查发现（如图 11-2 所示），本次在

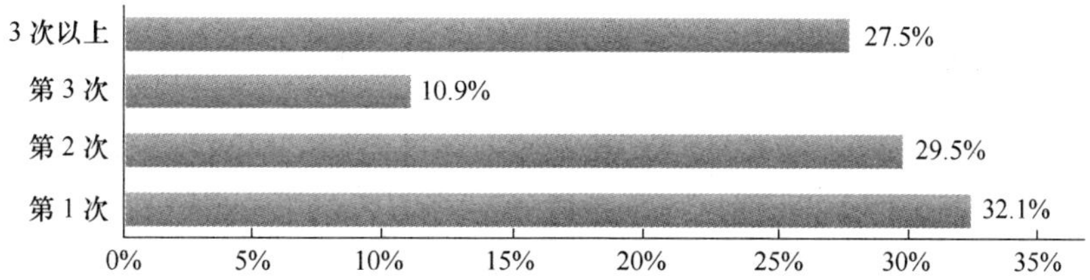

图 11-1 游客来海南的次数

海南停留 4~7 天的游客有 165 人，占 47.3%，本次在海南停留少于 3 天的游客只有 57 人，占 16.3%，停留 8~14 天的游客 27 人，占 7.7%，停留大于 15 天的游客 100 人，占 28.7%。

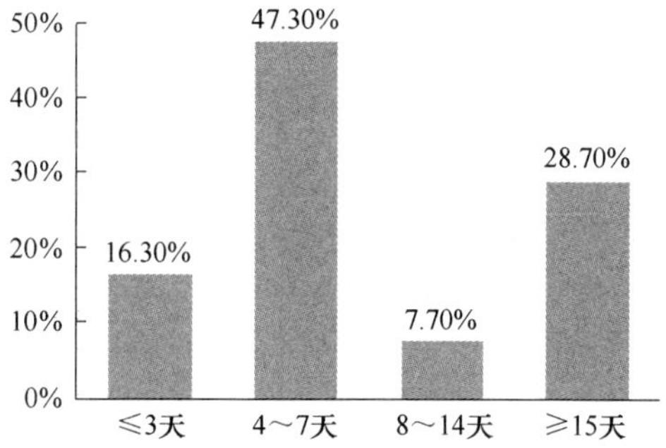

图 11-2 游客本次在海南的停留时间

（3）游客对疍家人及其文化的了解程度。调查结果显示（如图 11-3 所示），对海南疍家人及其文化的了解情况，选择“从来没听说，完全不了解”的游客有 179 人，占总体比例的 51.30%。选择“只是听说，不了解”的游客有 113 人，占 32.40%。选择“有一点了解”的游客有 49 人，占 14%。选择“很了解”的游客有 9 人，只占 0.3%。

四、游客的海南疍家文化旅游需求情况分析

从游客对可能开发的疍家文化旅游产品或项目的需求评价情况看（见表 11-2），排在前 3 位的产品或项目分别是滨海风光、海洋水族馆和现代海上餐厅，其次才是带有疍家文化元素的疍家渔排海鲜自助火锅，疍家传统体育类娱乐项目。游客对海产品干货、疍家酒、珍珠海贝等饰品这些疍家文化特色购物的需求评分最低。

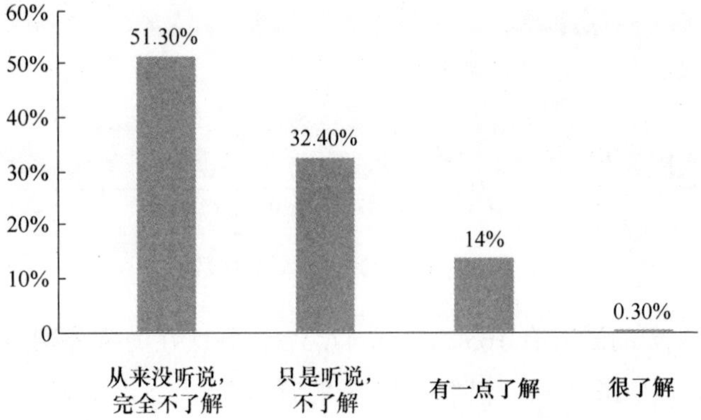

图 11-3　游客对疍家人及其文化的了解程度

表 11-2　游客对可能开发的疍家文化旅游产品需求评价及排序

拟开发的旅游产品	均　值	排　序
滨海风光	4. 1576	1
海洋水族馆	4. 0229	2
现代海上餐厅	3. 97	3
疍家渔排海鲜自助火锅	3. 9599	4
疍家传统体育类娱乐项目	3. 9169	5
现代滨海娱乐项目	3. 8625	6
海边疍家棚	3. 810	7
疍家民俗文化类娱乐项目	3. 8052	8
海上船屋	3. 77	9
疍家特色小吃	3. 759	10
疍家民俗文化博物馆	3. 6676	11
海产品干货	3. 4986	12
疍家酒	3. 30	13
珍珠海贝等饰品	3. 295	14

由于调查发现多数游客不是初次到访海南，他们的海南旅游需求已经不再是走马观花式的观光游阶段，而是进入更注重娱乐、参与和体验的深度度假游阶段。而大部分游客对海南疍家文化一无所知，因此，开发海南疍家文化旅游一方面需要加大疍家文化宣传力度，提高其知名度和吸引力。另一方面，更应该从相关旅游产品设计开发到经营管理等所有环节都高起点规划，

注重游客的审美、娱乐、学习等多重体验，注重互动性和深度体验式开发，重点打造深度度假游体验项目。

第二节　游客对海南疍家文化旅游需求偏好的全轮廓联合分析

文化旅游是人们想了解彼此的生活和思想时所发生的旅行[1]，是最新兴的旅游方式。民俗文化旅游是以观赏和体验旅游地的生活文化、节日文化、信仰文化、婚姻家庭和人生礼仪文化、民间歌舞娱乐文化、口头传承文化等民间文化为主的旅游活动[2]，是文化旅游的重要类型之一。海南岛是个黎、汉、回、苗等多民族和疍家人共生的陆岛[3]。海南疍家人世世代代依港而居，以水为生，以舟为家，江海水域是疍家人生活的最普遍环境[4]。与此相适应，衣、食、婚嫁、丧葬、禁忌等都以水为中心展开，形成了鲜明的水居群落文化。和陆上居民的农耕文化有巨大差异，散发出独特的魅力。因此，在目前海南国际旅游岛的文化旅游开发热潮中，疍家文化占有一席之地。站在市场需求角度，应用全轮廓联合分析法，分析游客的海南疍家文化旅游偏好及差异，为海南疍家文化旅游产品和项目开发提供借鉴。

旅游偏好是潜在或现实游客对某一旅游产品或旅游地表现出的心理倾向，这种倾向以认知因素为主导，具有情感和意向成分[5]。具体说，旅游偏好是游客在旅游 6 要素：吃、住、行、游、购、娱方面的心理倾向[6]。旅游偏好研究是开发旅游产品，细分旅游市场等旅游营销活动的重要基础[7]。海南国际旅游岛建设虽然上升为国家战略，但文化旅游开发较晚，目前仍处新兴阶段。很多文化旅游项目开发和规划缺乏严密论证，常常在实践中摸索。而已有的旅游项目开发论证更多的是站在供给角度去评价其旅游资源，开发潜力，研究开发模式等。鲜少有研究站在需求角度，了解需求者的特征和偏好。

从 20 世纪 70~80 年代开始，国外关于游客心理和行为方面的研究成果源源不断，旅游偏好也成为研究热点之一[8]。国外关于旅游偏好的研究内容广泛且深入，注重定量和实证，除了传统数理统计方法被广泛应用之外，近十来年最受青睐的是一些精确而复杂的计量方法和模型，如离散选择模型[9]、模糊集理论、决策树方法[10]等，联合分析方法[11,12]也应用比较成熟。国内旅游偏好的研究相对起步较晚，2000 年以后研究成果才开始快速增长。

研究方法除了简单的描述性统计分析，已经大面积采用回归分析、因子分析、聚类分析等数理统计方法，也有少量采用离散选择模型[13~15]，结构方程模型[16]，很少采用联合分析方法[17]，没有见到运用全轮廓联合分析法研究旅游偏好的研究成果。

一、全轮廓联合分析法

联合分析法是一种融合设计模型、采集信息、计量分析于一体的多元统计分析方法。它实质上是一种模拟法，假定产品或服务具有某些属性特征，让消费者根据自己的偏好，对这些具有虚拟属性特征的产品进行评价，然后量化每一属性和属性水平的重要程度，得出消费偏好及差异，为开发新产品和服务等提供参考。联合分析法在国外是 1971 年被 Green P 和 Rao 应用于市场研究领域的，之后广泛应用于工业品和消费品、金融和其他服务产品的新产品开发、产品定价、市场细分等领域，并取得了较好的效果[18]。到了 20 世纪 80 年代，学者们开发出几种混合型联合分析，主要包括全轮廓联合分析[19~23]，自适应联合分析[24~26]和基于选择的联合分析[27,28]，使得联合分析法更适应于品牌较多，属性较多的研究。全轮廓联合分析法既可用于排序，也可用于顾客打分，自研发以来，已经成为混合型联合分析法中应用最多的种类和中流砥柱，并且应用效果理想。我国对联合分析法的研究和应用都落后于西方，国内是 1994 年首次出现介绍联合分析法在市场研究中应用的文章[29]，随后该方法被应用于手机[30,31]、汽车[32]、公共交通服务[33]等新产品和服务的开发决策中，很少应用于旅游产品和服务的开发。全轮廓联合分析的主要步骤如下：

第一，确定产品特征与特征水平。联合分析首先要对产品或服务的特征进行识别。这些特征与特征水平必须是显著影响消费者购买的因素。一个典型的联合分析包含 6~7 个显著因素。确定了特征之后，还应该确定这些特征恰当的水平。特征与特征水平的个数决定了分析过程中要进行估计的参数的个数。

第二，产品模拟。联合分析将产品的所有特征与特征水平通盘考虑，并采用正交设计的方法将这些特征与特征水平进行组合，生成一系列虚拟产品。在实际应用中，通常每一种虚拟产品被分别描述在一张卡片上。

第三，数据收集。请受访者对虚拟产品进行评价，通过打分、排序等方法调查受访者对虚拟产品的喜好、购买的可能性等。

第四，计算特征的效用。从收集的信息中分离出消费者对每一特征以及特征水平的偏好值，这些偏好值也就是该特征的“效用”。

第五，市场预测。利用效用值来预测消费者将如何在不同产品中进行选择，从而决定应该采取的措施。

二、研究设计

（1）确定属性及属性水平。在研究组前期调查分析所获取的疍家文化旅游资源及分类的基础上，初步按照旅游活动6要素来设置偏好属性及属性水平，属性具体包括吃、住、行、游、购、娱。吃的属性水平设置有3个：疍家渔排、疍家特色小吃、现代海上餐厅；住的属性水平设置有2个：海上船屋、海边疍家棚；购的属性水平设置有3个：疍家酒、珍珠海贝等饰品、海产品干货；游的属性水平设置有3个：滨海风光、海洋水族馆、疍家文化博物馆；娱的属性水平设置有3个：现代娱乐类、疍家传统体育类、疍家民俗文化类；行的属性水平设置有3个：浮桥、传统人力舟、现代动力船。这样6个属性17个水平，得出的最佳产品组合数为16。但是试调查发现，由于产品组合数偏多，导致实际调查操作困难和数据失真。在试调查和专家意见的基础上，研究组缩小了变量范围，确定了4个最重要的属性变量，即饮食、住宿、购物、娱乐。饮食的属性水平设置有疍家渔排、海鲜大餐和疍家特色小吃；住宿的属性水平设置有海上现代船屋和海边简单疍家棚；购物的属性水平设置有疍家酒和海产品干货；娱乐的属性水平设置有深度体验疍家传统体育项目和一般赏析疍家民俗文化。

（2）确定研究分析方法。选择合适的联合分析法，主要是根据属性及水平的个数和调查方式等因素。一般来说，6个或者是更少的属性宜采用基于选择的联合分析法，10个以下的属性宜采用全轮廓的联合分析法，10个或者更多的属性宜采用适应性联合分析法。另外，全轮廓联合分析法的问卷一般采用打分或排序，只有一个问卷版本，比较适合面访。而另外两种方法则会有多个问卷版本，更适合使用网络调查方式。本研究最终确定的属性及水平较少，并拟采用面对面实地调查和解说，因此全轮廓联合分析法最适用。

（3）全轮廓生成与正交设计。全轮廓联合分析法的基本操作是将模型中的属性与属性水平相结合，从而形成多种产品组合。本书利用正交设计法，产生具有代表性的，且符合调查条件的较少产品组合。使用 SPSS 22.0 软件中的正交实验设计模块进行正交设计，生成 8 种不同的产品组合，见表 11-3。

表 11-3 正交设计表

卡片	饮食	住宿	购物	娱乐
1	疍家渔排海鲜大餐	海边简单疍家棚	疍家酒	一般赏析疍家民俗文化
2	疍家渔排海鲜大餐	海边简单疍家棚	海产品干货	深度体验疍家传统体育项目
3	疍家渔排海鲜大餐	海上现代船屋	海产品干货	一般赏析疍家民俗文化
4	疍家特色小吃	海边简单疍家棚	海产品干货	一般赏析疍家民俗文化
5	疍家特色小吃	海边简单疍家棚	疍家酒	深度体验疍家传统体育项目
6	疍家特色小吃	海上现代船屋	海产品干货	深度体验疍家传统体育项目
7	疍家渔排海鲜大餐	海上现代船屋	疍家酒	深度体验疍家传统体育项目
8	疍家特色小吃	海上现代船屋	疍家酒	一般赏析疍家民俗文化

（4）问卷设计。正式调查问卷由三部分构成：第一部分是基本情况调查，包括被调查者的性别、年龄、学历、家庭年收入 4 个人口统计因素。第二部分是对各种虚拟提供的疍家文化旅游项目进行文字解说和图片说明。由于问卷的形式比较少见，不同于以往简单的单选，多选和常见的李克特量表形式，对初次接触该种问卷的被调查者，在理解上有一定的困难。为了方便被调查者理解调查信息和得到更客观的调查结果，问卷设计了解说部分。第三部分是问卷的主体，主要调查游客对 8 种虚拟疍家文化旅游产品的偏好。考虑到打分比排序更能体现被调查者判断的独立性，本次研究采用 9 级李克特量表作为数据的测量工具，让游客根据自己的偏好程度进行打分，1 分为最低，表示完全不可能选择，5 分表示有可能选择也有可能不选择，9 分为最高，表示非常可能选择，以分数高低代表他们对每个组合的偏好程度。

（5）数据收集。本次调查的对象是到访三亚的游客。采用的是面对面实地调查方式进行问卷调查和回收。为了增强数据的代表性，实地调查的区域主要选择了亚龙湾五星级酒店群海滩、大东海广场和三亚湾海月广场三个游客集中带，当场一对一进行问卷发放、解说、填写及回收工作。调查组于 2016 年 4 月初开始组织试调查，6 月下旬正式调查结束，前后历时近 3 个月。本次调查共发放问卷 800 份，回收的有效问卷 712 份，采用 SPSS 22.0 软件进行数据录入和分析处理。

三、结果分析

（1）人口统计特征分析。本次调查的 712 位游客样本中，女性 371 人，占总体比例的 52.1%，男性 341 人，占总体比例的 47.9%，男女比例基本持平。年龄主要分布在 18~30 周岁年龄段，共 418 人，占 58.7%，其次是 31~50 周岁年龄段，共 188 人，占 26.4%，年富力强者居多。从学历层次看，本科学历 325 人，占 45.6%，其次是高中/大专学历 271 人，占 38.1%，本科及以上学历共占一半，学历水平较高。家庭年收入水平中，8 万元以下占 30.9%，8 万~15 万元占 35.8%，15 万元以上占 33.3%，中低收入、中等收入和中高收入各占近三分之一，收入水平分布比较均匀。

（2）旅游偏好的联合分析。

1）拟合优度检验。对 Pearson 相关系数和 Kendall 相关系数进行分析，用来检验模型的拟合优度。模型拟合效果越好，相关系数越大。从表 11-4 可以看出，本研究实际评分值与预测评分值的 Pearson 相关系数为 0.984，显著性水平是 0.000，Kendall 相关系数是 0.929，显著性水平为 0.001。两个检验结果都非常显著，符合信度要求。因此，文中联合分析模型的各属性相对重要性及各属性水平的效用值都在合理范畴，能够比较准确地反映游客偏好情况。

表 11-4 群体联合分析结果

属性	水 平	重要性/%	效用值	标准误差
饮食	疍家渔排海鲜大餐	26.85	-0.045	0.011
	疍家特色小吃		0.045	0.011
住宿	海上现代船屋	25.17	0.066	0.011
	海边简单疍家棚		-0.066	0.011
购物	疍家酒	24.22	-0.001	0.011
	海产品干货		0.001	0.011
娱乐	深度体验疍家传统体育项目	23.61	-0.075	0.011
	一般赏析疍家民俗文化		0.075	0.011
（常数）			6.299	0.011
Pearson's R		0.984	Pearson's R Sig	0.000
Kendall's tau		0.929	Kendall's tau Sig	0.001

2）属性重要性分析。由各属性的重要性程度（见表 11-4）可以看出，饮食、住宿、购物、娱乐 4 个属性的相对重要性程度没有特别大的差异，排序依次是饮食（26.85%）、住宿（25.17%）、购物（24.22%）、娱乐（23.61%），没有特别重要或完全不重要的属性。

3）属性水平效用值分析。属性水平效用值与消费者偏好有关，该值越高，消费者对其偏好就越明显。通过群体联合分析输出结果（见表 11-4）可以看出，饮食属性的 2 个水平效用值分别为疍家渔排海鲜大餐（-0.045），疍家特色小吃（0.045），说明游客更倾向选择疍家特色小吃。住宿属性的 2 个水平效用值分别为海上现代船屋（0.066），海边简单疍家棚（-0.066），说明游客更倾向选择海上现代船屋。购物属性的 2 个水平效用值分别为疍家酒（-0.001），海产品干货（0.001），说明游客略倾向选择海产品干货。娱乐属性的 2 个水平效用值分别为深度体验疍家传统体育项目（-0.075），一般赏析疍家民俗文化（0.075），说明游客更倾向于一般性的游览。

4）总体效用值分析。为了进一步研究游客的疍家文化旅游偏好，寻找出从需求者角度出发的最佳旅游产品组合，我们利用全轮廓偏好计算模型计算各虚拟旅游产品组合的总效用值。通过计算 8 种水平组合的总效用值（见表 11-5）并排序发现，排在第一位的是卡片 8，效用值是 0.185，说明吃疍家特色小吃、住海上现代船屋、购疍家酒、浏览观赏疍家民俗文化是最受游客欢迎的，这是最可能被选择的旅游产品组合；排在第二位是卡片 3，效用值是 0.097，说明其次受欢迎的产品组合是吃疍家渔排海鲜大餐、住海上现代船屋、购海产品干货、一般游览观光疍家民俗文化；排在第三位的是卡片 4，产品组合是吃疍家特色小吃、住海边简单疍家棚、购海产品干货、一般赏析疍家民俗文化；排在最后一位的是卡片 7，效用值是-0.55，产品组合是吃疍家渔排海鲜大餐、住海上现代船屋、购疍家酒、深度体验疍家传统体育项目。

表 11-5 8 个轮廓的虚拟产品效用值及排序

卡片	饮食	住宿	购物	娱乐	效用值	排序
1	疍家渔排海鲜大餐	海边简单疍家棚	疍家酒	一般赏析疍家民俗文化	-0.037	5
2	疍家渔排海鲜大餐	海边简单疍家棚	海产品干货	深度体验疍家传统体育项目	-0.185	7
3	疍家渔排海鲜大餐	海上现代船屋	海产品干货	一般赏析疍家民俗文化	0.097	2

续表 11-5

卡片	饮食	住宿	购物	娱乐	效用值	排序
4	疍家特色小吃	海边简单疍家棚	海产品干货	一般赏析疍家民俗文化	0.055	3
5	疍家特色小吃	海边简单疍家棚	疍家酒	深度体验疍家传统体育项目	-0.097	6
6	疍家特色小吃	海上现代船屋	海产品干货	深度体验疍家传统体育项目	0.037	4
7	疍家渔排海鲜大餐	海上现代船屋	疍家酒	深度体验疍家传统体育项目	-0.55	8
8	疍家特色小吃	海上现代船屋	疍家酒	一般赏析疍家民俗文化	0.185	1

5）不同样本特征的属性重要性差异分析。考察了不同性别、年龄、学历、家庭年收入水平的被调查者，疍家文化旅游偏好存在的差异情况。从表11-6中不同样本特征的属性重要性情况可以看出，在性别差异上，男性更关心饮食（41.06%）和娱乐（30.61%）2个属性，而女性更关心购物（32.24%）和饮食（26.18%）；对18~30岁年龄段的游客来说，最关心的是饮食（32.56%），其次是娱乐（26.08%），对31~50岁年龄段的游客来说，最重要的是住宿（33.41%），其次是饮食（29.03%）；对本科及以上学历群体最重要的是娱乐，其次是饮食。从家庭年收入水平情况看，不同收入水平的群体在属性偏好上没有明显差异。

表 11-6 不同样本特征的属性重要性

项目	样本特征	属性的重要性/%			
		饮食	住宿	购物	娱乐
性别	男	41.06	16.15	12.18	30.61
	女	26.18	19.75	32.24	21.83
年龄	18 周岁以下	37.12	18.71	9.86	34.31
	18~30 周岁	32.56	23.21	18.15	26.08
	31~50 周岁	29.03	33.41	19.62	17.94
	51~65 周岁	23.39	36.89	28.46	11.26
	65 周岁以上	18.74	40.06	17.71	23.49
学历	初中及以下	27.11	25.03	19.18	28.68
	高中/大专	28.33	25.19	23.56	22.92
	本科	33.29	17.08	15.88	33.75
	研究生及以上	29.21	20.10	19.87	30.82

续表 11-6

项目	样本特征	属性的重要性/%			
		饮食	住宿	购物	娱乐
家庭年收入	8 万元以下	38.17	25.24	19.88	16.71
	8 万~15 万元	30.59	22.37	23.31	23.73
	15 万~30 万元	21.06	26.19	24.82	27.93
	30 万~100 万元	20.85	30.64	23.07	25.44
	100 万元以上	26.24	25.18	22.13	26.45

6）市场占有率预测。利用效用值模拟，估计 8 个虚拟疍家文化旅游产品的市场占有率，可以得知产品组合的变动可能会对市场占有率带来怎样的变动，为寻找最佳产品组合方案提供参考。本书利用 SPSS 22.0 中的 CONJOINT 默认的三个市场占有率模型：最大效用模型（Maximum Utility Model，MU，假定消费者一定会选择效用值最大的属性组合），布莱德利-特里-鲁斯模型（Bradlcy Terry Luce，BTL，假定消费者选择产品的概率同该产品效用值具有线性关系），逻辑回归模型（Logit，假定消费者选择产品的概率同该产品效用值具有 Logit 关系），模拟 8 个虚拟疍家文化旅游产品的市场占有率，得到的结果见表 11-7。由于三种预测模型的应用原理不同，导致预测结果也存在一定差异。但是从表 11-7 中可以看出，三种模型预测的结果都是卡片 8 的市场占有率最高，这与前面的产品总效用值分析与排序得到的结果吻合，说明游客最可能选择的虚拟产品组合是吃疍家特色小吃、住海上现代船屋、购疍家酒、浏览观赏疍家民俗文化。

表 11-7 三种模型下的产品市场占有率预测

卡片	饮食	住宿	购物	娱乐	MU	BTL	Logit
1	疍家渔排海鲜大餐	海边简单疍家棚	疍家酒	一般赏析疍家民俗文化	11.3%	12.4%	12.1%
2	疍家渔排海鲜大餐	海边简单疍家棚	海产品干货	深度体验疍家传统体育项目	8.5%	12.1%	10.7%
3	疍家渔排海鲜大餐	海上现代船屋	海产品干货	一般赏析疍家民俗文化	12.1%	12.6%	12.6%

续表 11-7

卡片	饮食	住宿	购物	娱乐	MU	BTL	Logit
4	疍家特色小吃	海边简单疍家棚	海产品干货	一般赏析疍家民俗文化	13.2%	12.6%	13.0%
5	疍家特色小吃	海边简单疍家棚	疍家酒	深度体验疍家传统体育项目	11.4%	12.4%	11.6%
6	疍家特色小吃	海上现代船屋	海产品干货	深度体验疍家传统体育项目	13.0%	12.6%	12.8%
7	疍家渔排海鲜大餐	海上现代船屋	疍家酒	深度体验疍家传统体育项目	13.3%	12.4%	12.2%
8	疍家特色小吃	海上现代船屋	疍家酒	一般赏析疍家民俗文化	17.3%	12.9%	14.8%

由于最大效用模型没有 BTL 模型和 Logit 模型不允许出现负数的局限性，结果较为稳定，所以最为常用。从最大效用模型分析的结果可以看出，市场占有率最高的是 8 号产品（17.3%），市场占有率最低的是 2 号产品（8.5%），其他的市场占有率差别不大，在 11%~13%之间。

由属性重要性分析可以看出，游客在进行疍家文化旅游活动时，饮食、住宿、购物、娱乐各个环节都对他们的选择和体验产生重要影响，都要认真考虑和设计；从属性水平效用看，游客对疍家特色小吃的偏好超过疍家渔排海鲜大餐，更愿意选择住在现代设施齐全的海上船屋而不是相对简陋的海边疍家棚，对深度体验疍家传统体育项目的兴趣一般，更倾向于一般性的游览疍家民俗文化；由效用值排在前三位的产品组合可以看出，游客对一般的浏览观光有一致偏好，说明多数游客的疍家文化旅游需求还停留在传统的走马观花式游览阶段，对需要有一定冒险精神的深度参与旅游产品需求有限；游客的性别、年龄、学历不同，疍家文化旅游偏好存在一定差异，而收入水平对旅游偏好没有显著影响。从年龄差异上看，随着年龄的逐渐增加，住宿对游客的重要性也逐渐增加，而饮食对游客的重要性却逐渐减少。从学历差异来看，成年人中，学历越高，娱乐的重要性越高。

四、旅游开发内容建议

本研究通过探索游客的海南疍家文化旅游偏好，旨在通过研究结论引导相关单位的疍家文化旅游资源开发实践活动。

（1）针对海南疍家文化吸引力强，且目前还没有进行大规模开发的情况，应该对其开发潜力进行全方位的科学评价和论证，对整个海南岛内的疍家文化旅游资源进行高起点的全局规划和整合开发，打造海南疍家文化旅游品牌，推动疍家文化旅游成为海南旅游业的新亮点。

（2）针对疍家特色的吃、住、购、娱都对游客文化旅游体验有重要影响的情况，应该再深度挖掘疍家饮食、居住、生产、信仰、习俗等方面的文化旅游资源，对吃、住、购、娱等每一个环节都进行精心设计和安排。在饮食环节中，疍家渔排海鲜大餐要突出在疍家饮食文化中，人们对海产品食材新鲜度和养生功效都有超高要求，以及加工讲究原汁原味的特色。另外，要在餐具风格要求、传统就餐习惯、整体就餐氛围等方面进行整体和局部细节上的精雕细琢，保持浓郁的疍家传统饮食文化特色。疍家特色小吃在品类、口感、外观等方面要进行一定的改良和包装，使其既吸收疍家传统特色小吃的精华，又能满足大众游客的口味和需求。在住宿环节中，将住宿中的海边简单疍家棚和海上现代船屋按照消费档次区分开来，海上现代船屋主要用于满足超高档次消费，海边简单疍家棚主要满足中高档次消费。在外观和室内设计细节上完全再现当年疍家人海上舟居和岸边棚居的居住文化特色。在购物环节中，要与其他旅游购物在产品定位上明显区别开来，疍家海产品干货应注重打造品类上的高端和稀缺性，品质上的天然、新鲜和无添加等特色。在娱乐环节中，要注重游客的参与和互动，进行产品和项目的体验式开发设计，让游客在亲身经历中更深刻感知疍家生产、生活文化的魅力。

（3）针对多数游客只有一般疍家文化旅游产品需求，少数游客有深度参与项目需求的情况，应该设计针对大众游客的疍家文化一般观光娱乐项目，用于满足多数游客的普通游乐体验。另外，针对小众群体开发深度参与体验项目，这些小众体验项目可以考虑采用俱乐部或会员制等形式，通过定期或不定期举办相关竞技、培训、交流等活动，吸引相关独特爱好群体加入。

（4）针对没有明显产品组合机遇和风险的情况，应该在项目选址和主要产品设计时再次做市场调查，加入价格、目的地位置、项目特色等因素再来做市场需求预测，以最终排除开发中产品定位和组合所带来的市场风险。

（5）针对游客的疍家文化旅游偏好差异情况，应考虑按照人口统计因素或聚类分析进一步做一些有效的市场细分。之后按照他们的需求偏好来规划和设计专门满足某类群体需求的疍家文化旅游地和旅游项目。全岛的十几处疍家文化旅游资源地，可以结合自身的资源优势和有效的市场细分，满足不同细分市场的游客需求，并形成良好的竞争与合作关系。

小 结

应用全轮廓联合分析法，对三亚到访游客进行调查分析，了解他们的海南疍家文化旅游偏好及差异。结果表明：疍家水文化与内陆游客所熟悉的乡土文化差异巨大，从而产生较大吸引力；疍家特色的饮食、住宿、购物和娱乐都对游客的旅游选择产生重要影响；多数游客的疍家文化旅游需求还停留在传统的走马观花式游览阶段，对需要有一定冒险精神的深度参与旅游产品需求有限；游客对各种可能开发的疍家文化旅游产品组合没有强烈的偏好或排斥，因产品组合带来的市场机遇和风险不是特别明显；各细分市场的疍家文化旅游偏好差异明显，可分为疍家海鲜美食偏好者、疍家文化深度体验偏好者、疍家特色购物偏好者等。

参考文献

[1] 戴代新．我国文化旅游资源保护与利用的误区及对策——以宜宾市僰文化旅游开发研究为例［J］．同济大学学报（社会科学版），2010，21（1）：46~51.

[2] 邓思胜．四川民族地区民俗文化旅游的现实与对策研究［J］．贵州民族研究，2015，36（3）：152~156.

[3] 麻国庆．海南岛：中国人类学研究的实验室［J］．广西民族大学学报（哲学社会科学版），2014，36（5）：36~44.

[4] 吴水田．话说疍民文化［M］．广州：广东经济出版社，2013：45~145.

[5] 白凯，马耀峰．旅游者购物偏好行为研究：以西安入境旅游者为例［J］．旅游学刊，2007，22（11）：52~57.

[6] 郁从喜，陆林．国外近年来游客旅游偏好研究综述及启示［J］．安徽师范大学学报（自然科学版），2008，31（6）：590~595.

[7] 王晓庆．国内外旅游偏好研究综述［J］．现代城市研究，2014（1）：110~115.

[8] 张远，陈建军．基于游客视角的苏州文化旅游资源偏好研究［J］．黄山学院学报，2016，18（1）：35~40.

[9] Chaminuka P, Groeneveld R A, Selomane A O, et al. Tourist preferences for ecotourism in rural communities adjacent to Kruger National Park: a choice experiment approach [J]. Tourism management, 2012, 33 (1): 168~176.

[10] Kim S S, Timothy D J, Hwang J S. Understanding Japanese tourists shopping preferences using the Decision Tree Analysis Method [J]. Tourism management, 2011, 32 (3): 544~554.

[11] Rhee H T, Yang S B, Kim K. Exploring the comparative salience of restaurant attributes: a conjoint analysis approach [J]. International journal of information management, 2016, 36 (6): 1360~1370.

[12] Kim D, Perdue R R. The effects of cognitive, affective and sensory attributes on hotel choice [J]. International journal of hospitality management, 2013, 35: 246~257.

[13] 李绍刚，葛学峰，张娜．乡村旅游者信息选择偏好差异研究 [J]．资源开发与市场，2014，30 (2)：247~251.

[14] 刘霄泉．基于 Logit 模型的北京世界遗产地游客选择研究 [J]．资源科学，2013，35 (12)：2368~2375.

[15] 张延．基于离散选择回归模型的中日海洋旅游产品选择对比研究 [J]．经济地理，2011，31 (3)：504~508.

[16] 丁风芹，姜洪涛，侯松岩，等．中国传统古村镇游客重游意愿的影响因素及作用机理研究：以周庄为例 [J]．人文地理，2015，146 (6)：146~152.

[17] 徐升艳，周密．结合分析法在旅游产品开发设计中的运用：以广西来宾忻城土司风情水街为例 [J]．经济论坛，2011 (1)：124~128.

[18] Green P E, Srinivasan V. Conjoint analysis in marketing: new developments with implications for research and practice [J]. Journal of marketing, 1990, 54 (4): 3~19.

[19] Poortinga W, Steg L, Vlek C, et al. Household preferences for energy saving measures: a conjoint analysis [J]. Journal of economic psychology, 2003, 24 (1): 49~64.

[20] Veitcha J, Salmona J, Deforche B, et al. Park attributes that encourage park visitation among adolescents: a conjoint analysis [J]. Landscape & urban planning, 2017, 161: 52~58.

[21] Wooliscroft B, Ganglmair-wooliscroft A. Improving conditions for potential New Zealand cyclists: an application of conjoint analysis [J]. Transportation Research Part A, 2014, 69: 11~19.

[22] Rofè Y, Pashtanb T, Hornik J. Is there a market for sustainable urbanism? A conjoint analysis of potential home buyers in Israel [J]. Sustainable cities and society, 2017, 30 (4): 162~170.

[23] Dauda S Y, Lee J. Technology adoption: a conjoint analysis of consumers' preference on future online banking services [J]. Information systems, 2015, 53 (2): 1~15.

[24] Cunningham C E, Chen Y, Vaillancourt T, et al. Modeling the anti-cyber bullying preferences of university students: adaptive choice-based conjoint analysis [J]. Aggressive behavior, 2015, 41 (4): 369~385.

[25] Hoppert K, Mai R, Zahn S, et al. Integrating sensory evaluation in adaptive conjoint analysis to elaborate the conflicting influence of intrinsic and extrinsic attributes on food choice [J]. Appetite, 2012, 59 (3): 949~955.

[26] Beusterien K M, Dziekan K, Flood E, et al. Understanding patient preferences for HIV medications using adaptive conjoint analysis: feasibility assessment [J]. Value in health, 2005, 8 (4): 453~461.

[27] Ares G, Arrúa A, Antúnez L, et al. Influence of label design on children's perception of two snack foods: comparison of rating and choice-based conjoint analysis [J]. Food quality and preference, 2016, 53: 1~8.

[28] Shen Z H, Wakita K, Oishi T, et al. Willingness to pay for ecosystem services of open oceans by choice-based conjoint analysis: a case study of Japanese residents [J]. Ocean & coastal management, 2015, 103: 1~8.

[29] 柯惠新，保罗·弗悉诺．市场营销研究中的结合分析法［J］．数理统计与管理，1994（6）：56~65.

[30] 叶小青．联合分析在手机新产品开发上的应用研究［J］．中南民族大学学报（自然科学版），2011，30（3）：111~115.

[31] 高敏，张舟扬．基于联合分析法的手机产品属性组合设计［J］．陕西科技大学学报，2012，30（1）：126~130.

[32] 李妍，陈泽威．联合分析法视角下家用轿车购买决策的中日比较［J］．日本问题研究，2013（1）：45~50.

[33] 刘建荣，温惠英，黄玲．基于联合分析的校区常规公共交通服务质量分析［J］．广东工业大学学报，2016，33（2）：42~46.

第十二章　海南疍家文化旅游资源所属地的开发潜力评价

对文化资源所属地的开发潜力进行客观准确的评价，是科学合理地开发海南疍家文化旅游资源的基础工作。在各种评价问题中，有一类评价问题的评价指标常常多是一些主观指标或定性指标，而且这些指标是多层次的、复杂的。对于这类评价问题，其评价是建立在评价者的知识水平、认识能力和个人偏爱之上的，因而很难完全排除人为因素带来的偏差，这就使得评价者在评价中提供的评价信息具有灰色性。这种运用灰色理论将定性与定量相结合的多层次灰色评价方法，正好适用于海南疍家文化旅游资源地开发潜力评价。采用的多层次灰色评价步骤如下：首先，确定影响海南疍家文化旅游资源开发潜力的 3 个准则要素，即自然资源、疍家文化资源和开发条件，并筛选出 18 个关键指标，构建多层次评价指标体系。其次，利用层次分析法确定 3 个准则要素和 18 个评价指标的权重并排序。然后，按照灰色评价过程确定海南 8 个疍家文化资源所属地的评价样本矩阵和评价灰类，求得各自灰色评价权向量。最后，计算出各个所属地的综合评价值，各个准则要素的评价值，并排序。

第一节　确定评价指标体系及权重

一、构建评级指标体系

在参考已有研究成果的基础上[1~6]，结合海南疍家文化旅游资源开发的实际情况，并咨询当地旅游专家，最后构建了海南疍家文化旅游资源开发潜力评价指标体系（见表 12-1）。

表 12-1 疍家文化旅游资源开发潜力评价指标

目标层	准则层	指标层
海南疍家文化旅游资源地的开发潜力评价 A	自然资源 B_1	可被利用或开发的海滩、港湾和陆地面积 B_{11}
		视野广阔度 B_{12}
		海水污染程度 B_{13}
		海滩沙子的粗细程度 B_{14}
		海滩沙子的干净程度 B_{15}
		适宜的海上和海滩运动类型 B_{16}
		海钓活动适宜性 B_{17}
		渔业养殖观光适宜性 B_{18}
		近海捕捞和赶海体验适宜性 B_{19}
	疍家文化资源 B_2	聚集地人口规模 B_{21}
		民俗文化保持度 B_{22}
		节事活动丰富度 B_{23}
	开发条件 B_3	地理位置 B_{31}
		交通条件 B_{32}
		旅游开发现状 B_{33}
		附近旅游地开发程度 B_{34}
		与附近旅游地的组合能力 B_{35}
		社区参与意愿和能力 B_{36}

二、确定指标权重

在疍家文化旅游资源开发潜力评价指标体系中，各指标的相对重要性是不同的。赋予各指标不同的权重值，以突出他们对整个评价体系的贡献，是一个非常重要的过程。层次分析法（AHP）通过对多因素进行分级处理，并采用矩阵计算方法来确定各个因素的权重，使定性的经验判断得以量化，这种模型在研究中运用广泛并得到验证。本书采用 AHP 方法，通过专家评估各项指标的相对重要性，构建判断矩阵，然后进行运算，计算指标权重及一致性检验，指标权重汇总及排序等步骤，得到指标权重系数。

（一）构造判断矩阵

为了得到量化的判断矩阵，本研究采用 1~9 的标度法（见表 12-2），请

5位相关专家，分别考查一级指标和二级指标的相对重要性，得出判断矩阵，结果见表12-3~表12-6。

表12-2　标度对照表

标度	含　义
1	X_i 与 X_j 的重要性之比相同
3	X_i 与 X_j 的重要性之比稍强
5	X_i 与 X_j 的重要性之比强
7	X_i 与 X_j 的重要性之比明显的强
9	X_i 与 X_j 的重要性之比非常的强
2、4、6、8	X_i 与 X_j 的重要性之比在上述两个相邻等级之间
倒数	X_i 与 X_j 的重要性之比为上面的互反数

表12-3　一级指标的判断矩阵

矩阵	自然资源 B_1	疍家文化资源 B_2	开发条件 B_3
自然资源 B_1	1	1/2	2
疍家文化资源 B_2	2	1	5
开发条件 B_3	1/2	1/5	1

（二）指标权重确定

（1）一级指标权重计算及一致性检验。根据表12-3，得出一级指标的判断矩阵：

$$A=\begin{bmatrix} 1 & 1/2 & 2 \\ 2 & 1 & 5 \\ 1/2 & 1/5 & 1 \end{bmatrix}$$

1）计算判断矩阵。A 每一行元素的乘积 M_i，$M_i=\prod_{j=1}^{n} a_{ij}\,(i=1,\ 2,\ 3)$，$a_{ij}$ 为矩阵 A 中的元素。则：

$$M_1 = 1 \times \frac{1}{2} \times 2 = 1$$

按此方法，计算得出了 $M_2=10$，$M_3=\frac{1}{10}$。

2）计算 M_i 的 n 次方根。设方根为 $\overline{W_1}$，则 $\overline{W_i}=\sqrt[3]{M_i}$（$i=1, 2, 3$），据此得：

$\overline{W_1}=\sqrt[3]{1}=1$，同理，可以算出 $\overline{W_2}=2.1544$，$\overline{W_3}=0.4641$。

3）将 $\overline{W_i}$ 归一化，$W_i=\overline{W_i}/\sum_{i=1}^{n}\overline{W_i}$，$W_i$ 即为所求各指标权重。

$$\sum_{i=1}^{3}\overline{W_i}=1+2.1544+0.4641=3.6185$$

$W_1=\overline{W_1}/\sum_{i=1}^{3}\overline{W_i}=\dfrac{1}{3.6185}=0.2763$，同理计算得出，$W_2=0.5953$，$W_3=0.1282$。

4）计算判断矩阵 A 的最大特征值 λ_{max}。$\lambda_{max}=3.4216$。

5）计算一致性指标 C_i。$C_i=\dfrac{\lambda_{max}-n}{n-1}=\dfrac{3.0433-3}{3-1}=0.0216$。

6）计算一致性比率 C_R。$C_R=C_i/R_i=\dfrac{0.0216}{0.52}=0.0416<0.1$。

因此，判断矩阵 A 具有一致性。

所以，（B_1，B_2，B_3）的权重 W 为（0.2763，0.5953，0.1282）。

（2）二级指标权重计算及一致性检验。根据一级指标权重的相同算法，分别求出二级指标对应的 3 个判断矩阵的权重和最大特征值 λ_{max}，一致性检验值 C_i 及 C_R。结果见表 12-4～表 12-6。

表 12-4 判断矩阵 A_1—B_{1j}

矩阵	B_{11}	B_{12}	B_{13}	B_{14}	B_{15}	B_{16}	B_{17}	B_{18}	B_{19}	W_1	
B_{11}	1	3	2	5	4	2	7	7	7	0.2466	$\lambda_{max}=9.0939$ $C_i=0.0469$ $C_R=0.0809$
B_{12}	1/3	1	1/2	2	1	1/2	4	4	4	0.0911	
B_{13}	1/2	2	1	3	2	1	5	5	5	0.1463	
B_{14}	1/5	1/2	1/3	1	1/2	1/3	2	2	2	0.0496	
B_{15}	1/4	1	1/2	2	1	1/2	3	3	3	0.2366	
B_{16}	1/2	2	1	3	2	1	5	5	5	0.1464	
B_{17}	1/7	1/4	1/5	1/2	1/3	1/5	1	1	1	0.0278	
B_{18}	1/7	1/4	1/5	1/2	1/3	1/5	1	1	1	0.0278	
B_{19}	1/7	1/4	1/5	1/2	1/3	1/5	1	1	1	0.0278	

表 12-5 判断矩阵 A_2—B_{2j}

矩阵	B_{21}	B_{22}	B_{23}	W_2	
B_{21}	1	1/4	1/3	0.1219	$\lambda_{max}=3.0410$
B_{22}	4	1	2	0.5585	$C_i=0.0341$
B_{23}	3	1/2	1	0.3196	$C_R=0.0587$

表 12-6 判断矩阵 A_3—B_{3j}

矩阵	B_{31}	B_{32}	B_{33}	B_{34}	B_{35}	B_{36}	W_3	
B_{31}	1	2	1	2	1/2	1/3	0.1266	
B_{32}	1/2	1	1/2	1	1/4	1/5	0.0653	$\lambda_{max}=6.0218$
B_{33}	1	2	1	2	1/2	1/3	0.1266	$C_i=0.0262$
B_{34}	1/2	1	1/2	1	1/4	1/5	0.0653	$C_R=0.0631$
B_{35}	2	4	2	4	1	1/2	0.2413	
B_{36}	3	5	3	5	2	1	0.3749	

（三）指标权重汇总及排序

由表 12-4~表 12-6 的 C_R值可以看出，以上各层排序都具有一致性。将各层指标的权重汇总后得到表 12-7。经计算，总排序一致性指标 $C_R=0.06245<0.1$，因此，总排序具有一致性。

表 12-7 指标权重汇总及排序表

目标层	准则层	权重	排序	指标层	权重	总权重	排序
海南疍家文化旅游资源地的开发潜力评价 A	自然资源 B_1	0.2763	2	可被利用或开发的海滩、港湾和陆地面积 B_{11}	0.2466	0.0682	4
				视野广阔度 B_{12}	0.0911	0.0252	9
				海水污染程度 B_{13}	0.1463	0.0405	7
				海滩沙子的粗细 B_{14}	0.0496	0.0138	11
				海滩沙子的干净程度 B_{15}	0.2366	0.0654	5
				适宜的海上/海滩运动类型 B_{16}	0.1464	0.0405	7
				海钓活动适宜性 B_{17}	0.0278	0.0077	13
				渔业养殖观光价值 B_{18}	0.0278	0.0077	13
				近海捕捞和赶海体验价值 B_{19}	0.0278	0.0077	13

续表 12-7

目标层	准则层	权重	排序	指标层	权重	总权重	排序
海南疍家文化旅游资源地的开发潜力评价 A	疍家文化资源 B_2	0.5953	1	聚集地人口规模 B_{21}	0.1219	0.0726	3
				民俗文化保持度 B_{22}	0.5585	0.3325	1
				节事活动丰富度 B_{23}	0.3196	0.1903	2
	开发条件 B_3	0.1282	3	地理位置 B_{31}	0.1266	0.0163	10
				交通条件 B_{32}	0.0653	0.0084	12
				旅游开发现状 B_{33}	0.1266	0.0163	10
				附近旅游地开发程度 B_{34}	0.0653	0.0084	12
				与附近旅游地的组合能力 B_{35}	0.2413	0.0310	8
				社区参与意愿和能力 B_{36}	0.3749	0.0481	6

从指标权重排序看出，疍家文化资源在疍家文化旅游资源开发潜力评价中所占权重最大（59.53%），这说明所属地的疍家文化资源是旅游开发的基础条件，起到决定性作用。其次是所属地自然资源（27.63%），作为文化资源的依托环境，也非常重要。占的比重最小的是开发条件（12.82%），是疍家文化资源旅游开发中的辅助条件，最后要兼顾考虑。

第二节　确定评价样本矩阵

灰色系统理论并不要求大样本量和太多的数据建模，只要原始数据列有5个以上数据，就可得到客观可信的评价结果[7~12]。将评价指标的优劣等级划分为5级，并分别赋值评分5、4、3、2、1，表示“非常好”“较好”“一般”“较差”“很差”。依据多层次灰色评价方法对数据样本量的要求，请7位专家，按照评分等级标准，对8处海南疍家文化所属地❶的旅游开发潜力评价指标进行打分，确定评价样本矩阵如下：

❶ 其中7处是现在海南疍家人的主要聚集地：三亚港（D_1），三亚后海铁炉港（D_2），三亚藤桥河口（D_3），陵水新村港（D_4），海口海甸溪（D_5），文昌铺前港（D_7），昌江新港（D_8），1处是海南疍家人重要的历史聚集地：三亚崖州大疍港（D_6）。

$$D_1=\begin{bmatrix}2&2&1&2&3&2&1\\4&4&3&4&3&4&4\\3&4&3&4&4&5&4\\2&1&2&2&3&2&2\\2&3&4&3&4&3&4\\4&4&3&4&4&4&4\\3&4&4&3&4&4&4\\1&1&1&2&1&2&1\\3&4&3&4&4&3&3\\5&5&5&5&5&5&5\\3&4&3&4&3&3&3\\4&4&3&3&4&3&4\\5&5&5&5&5&5&5\\4&4&5&5&5&5&4\\1&1&2&1&2&1&2\\5&5&5&4&4&5&4\\2&2&3&1&2&1&3\\5&4&4&5&4&5&5\end{bmatrix}\qquad D_2=\begin{bmatrix}4&5&5&4&4&4&5\\5&4&4&4&5&4&5\\5&5&5&4&4&5&5\\5&5&5&5&4&4&5\\5&5&5&5&5&5&4\\3&4&4&3&4&4&3\\5&4&4&5&5&5&5\\4&5&5&5&5&5&5\\5&5&4&5&4&5&5\\3&4&3&3&4&4&3\\4&4&4&5&5&4&3\\4&3&4&3&3&4&3\\4&5&5&5&4&4&5\\5&5&5&4&4&4&5\\3&4&3&4&3&3&4\\5&5&5&5&5&4&5\\5&5&5&5&5&4&5\\4&5&4&4&5&5&5\end{bmatrix}$$

$$D_3=\begin{bmatrix}5&5&4&5&4&4&5\\4&4&5&4&5&4&5\\5&5&5&4&5&5&5\\4&5&4&5&5&5&5\\5&4&4&5&5&5&4\\5&4&5&5&4&5&4\\5&4&4&5&4&4&5\\4&4&3&3&2&3&3\\3&4&3&4&4&3&4\\1&1&1&2&1&1&1\\2&3&3&4&4&3&4\\2&2&3&3&4&4&3\\4&3&4&4&3&4&4\\4&5&4&4&3&3&4\\2&2&1&1&1&2&1\\5&5&5&5&4&4&5\\5&5&5&4&5&4&5\\4&3&4&4&3&4&3\end{bmatrix}\qquad D_4=\begin{bmatrix}5&5&4&4&5&5&5\\5&5&5&4&5&5&5\\5&5&5&5&4&4&4\\4&5&5&5&4&5&5\\5&4&5&5&5&4&5\\5&4&4&5&5&5&5\\5&5&5&5&5&4&5\\5&4&5&5&4&5&5\\4&5&4&4&5&4&5\\5&5&5&5&5&5&5\\5&5&5&4&5&5&5\\4&5&4&4&5&5&4\\3&3&4&3&4&3&4\\3&4&3&4&3&3&3\\2&2&1&2&1&2&1\\5&4&5&5&4&5&5\\5&5&5&4&5&4&5\\4&4&3&4&5&4&4\end{bmatrix}$$

$$D_5=\begin{bmatrix}1&2&1&1&2&2&1\\4&5&5&4&5&4&4\\3&2&3&3&2&3&2\\2&2&3&2&3&2&3\\2&3&2&2&3&2&3\\3&2&4&3&3&4&2\\3&3&3&4&3&4&4\\1&1&1&2&2&1&2\\4&3&4&3&3&4&3\\3&4&3&4&3&4&3\\3&3&3&3&3&3&3\\3&4&3&3&3&3&3\\5&5&5&5&5&5&5\\5&4&5&5&5&5&4\\2&1&2&1&1&2&1\\5&4&5&5&4&4&4\\5&5&4&5&5&4&4\\4&4&5&5&5&4&4\end{bmatrix}\quad D_6=\begin{bmatrix}4&5&4&5&5&4&5\\5&5&5&4&4&5&5\\5&5&5&5&5&4&4\\4&5&5&4&5&5&5\\5&5&5&5&4&5&5\\5&5&5&4&4&5&5\\5&5&5&5&4&4&5\\2&3&2&1&2&2&1\\4&3&4&4&4&3&5\\1&1&1&1&1&1&1\\2&2&1&1&2&2&1\\1&1&1&1&1&1&1\\4&5&4&4&5&4&5\\5&5&5&4&4&5&5\\1&1&1&1&2&1&2\\4&5&4&4&3&3&4\\5&5&5&4&4&5&5\\2&2&2&3&3&2&3\end{bmatrix}$$

$$D_7=\begin{bmatrix}3&4&4&3&4&4&4\\3&4&4&3&4&4&4\\1&1&1&2&1&1&2\\3&4&3&3&4&3&3\\1&2&2&1&1&2&1\\3&2&3&4&3&2&3\\3&4&2&3&2&3&4\\1&1&1&1&2&1&1\\2&3&2&3&3&2&3\\3&3&4&2&3&3&3\\5&4&5&5&4&5&5\\5&5&5&4&5&4&5\\4&5&4&3&4&5&4\\4&4&5&5&5&4&5\\2&1&1&2&1&1&1\\4&3&4&4&5&4&3\\4&5&5&5&4&4&5\\4&3&4&3&3&4&3\end{bmatrix}\quad D_8=\begin{bmatrix}5&5&5&5&5&5&5\\5&5&5&5&5&5&5\\4&5&4&4&3&3&4\\3&3&2&3&3&2&4\\3&4&4&3&4&3&3\\4&5&4&4&5&5&4\\5&5&5&4&4&5&4\\4&3&3&2&2&3&3\\4&3&4&4&3&4&3\\3&3&4&3&3&3&3\\5&5&5&4&5&5&4\\4&5&5&5&4&4&5\\1&2&2&1&2&1&2\\1&1&1&2&2&1&2\\1&1&1&2&2&1&1\\3&3&2&4&3&2&3\\4&5&5&5&5&4&5\\5&4&3&4&3&3&4\end{bmatrix}$$

第三节　确定评价灰类

根据评价指标的评分标准划分等级，对应的设定5个评价灰类。设评价灰类序号为e，$e=1$，2，3，4，5。$e=1$，代表“非常好”；$e=2$，代表“较好”；$e=3$，代表“一般”；$e=4$，代表“较差”；$e=5$，代表“很差”。其相应的灰数及白化权函数如下：

$$\text{当 } e=1 \text{ 时，} f_1=\begin{cases}\frac{1}{5}d_{ijk}^{(n)}, & d_{ijk}^{(n)}\in[0,5]\\ 1, & d_{ijk}^{(n)}\in[5,\infty)\\ 0, & d_{ijk}^{(n)}\notin[0,\infty)\end{cases}$$

$$\text{当 } e=2 \text{ 时，} f_2=\begin{cases}\frac{1}{4}d_{ijk}^{(n)}, & d_{ijk}^{(n)}\in[0,4]\\ -\frac{1}{4}d_{ijk}^{(n)}+2, & d_{ijk}^{(n)}\in[4,8]\\ 0, & d_{ijk}^{(n)}\notin[0,8]\end{cases}$$

$$\text{当 } e=3 \text{ 时，} f_3=\begin{cases}\frac{1}{3}d_{ijk}^{(n)}, & d_{ijk}^{(n)}\in[0,3]\\ -\frac{1}{3}d_{ijk}^{(n)}+2, & d_{ijk}^{(n)}\in[3,6]\\ 0, & d_{ijk}^{(n)}\notin[0,6]\end{cases}$$

$$\text{当 } e=4 \text{ 时，} f_4=\begin{cases}\frac{1}{2}d_{ijk}^{(n)}, & d_{ijk}^{(n)}\in[0,2]\\ -\frac{1}{2}d_{ijk}^{(n)}+2, & d_{ijk}^{(n)}\in[2,4]\\ 0, & d_{ijk}^{(n)}\notin[0,4]\end{cases}$$

$$\text{当 } e=5 \text{ 时，} f_5=\begin{cases}1, & d_{ijk}^{(n)}\in[0,1]\\ -d_{ijk}^{(n)}+2, & d_{ijk}^{(n)}\in[1,2]\\ 0, & d_{ijk}^{(n)}\notin[0,2]\end{cases}$$

第四节 计算灰色评价系数

根据灰色评价系数计算公式$\chi_{ije}^{(n)}=\sum_{k=1}^{7}f_e(d_{ijk}^{(n)})$，公式中$i$代表3个准则层评价指标，$j$代表18个指标层评价指标，$e$表示评价灰类；$d_{ijk}^{(n)}$表示第$k$位专家对第$n$个地方的第$j$个指标层评价指标的评分，$f_e$表示相对应灰类的白化权函数。因此，海南疍家人第1个主要聚集地（三亚港D_1），第1准则层（自然资源B_1）的第1个指标层评价指标（可被利用或开发的海滩、港湾和陆地面积B_{11}）的灰色评价系数，计算如下：

$$\text{当}e=1\text{时},\ \chi_{111}^{(1)}=\sum_{k=1}^{5}f_1(d_{11k}^{(1)})=f_1(2)+f_1(2)+f_1(1)+f_1(2)+f_1(3)+f_1(2)+f_1(1)=0.4+0.4+0.2+0.4+0.6+0.4+0.2=2.6$$

$$\text{当}e=2\text{时},\ \chi_{112}^{(1)}=0.5+0.5+0.25+0.5+0.75+0.5+0.25=3.25$$

$$\text{当}e=3\text{时},\ \chi_{113}^{(1)}=0.6667+0.6667+0.3333+0.6667+1+0.6667+0.3333=4.3334$$

$$\text{当}e=4\text{时},\ \chi_{114}^{(1)}=1+1+0.5+1+0.5+1+0.5=5.5$$

$$\text{当}e=5\text{时},\ \chi_{115}^{(1)}=0+0+1+0+0+0+1=2$$

因此，三亚港的评价指标B_{11}属于各个灰类的总评价系数。

$$\chi_{11}^{(1)}=2.6+3.25+4.3334+5.5+2=17.6834$$

第五节 计算灰色评价权向量和权矩阵

评价指标的灰色评价权$\lambda_{11e}^{(1)}$为：当$e=1$时，$\lambda_{111}^{(1)}=\chi_{111}^{(1)}/\chi_{11}^{(1)}=\frac{2.6}{17.6834}=0.1470$，同理，$\lambda_{112}^{(1)}=0.1837$，$\lambda_{113}^{(1)}=0.2450$，$\lambda_{114}^{(1)}=0.3110$，$\lambda_{115}^{(1)}=0.1131$。

B_{11}对于各灰类的灰色评价权向量$\lambda_{11}^{(1)}(\lambda_{111}^{(1)}, \lambda_{112}^{(1)}, \lambda_{113}^{(1)}, \lambda_{114}^{(1)}, \lambda_{115}^{(1)})=(0.1470, 0.1837, 0.2450, 0.3110, 0.1131)$。

同理，可以算出$\lambda_{12}^{(1)}=(0.2883, 0.3604, 0.2957, 0.0554, 0)$

$\lambda_{13}^{(1)}=(0.3059, 0.3541, 0.2833, 0.0566, 0)$

$\lambda_{14}^{(1)}=(0.1558, 0.1948, 0.2597, 0.3339, 0.0556)$

$$\lambda_{15}^{(1)}=(0.2484,\ 0.3105,\ 0.3060,\ 0.1350,\ 0)$$

$$\lambda_{16}^{(1)}=(0.2939,\ 0.3890,\ 0.2882,\ 0.0288,\ 0)$$

$$\lambda_{17}^{(1)}=(0.2884,\ 0.3604,\ 0.2957,\ 0.0554,\ 0)$$

$$\lambda_{18}^{(1)}=(0.1088,\ 0.1360,\ 0.1813,\ 0.2719,\ 0.3021)$$

$$\lambda_{19}^{(1)}=(0.2553,\ 0.3191,\ 0.3191,\ 0.1064,\ 0)$$

根据上面确定的各评价权向量，建立灰色评价权矩阵如下：

（1）三亚港（D_1）。

$$\text{自然资源}\ (R_1^{(1)})\ \begin{bmatrix} 0.1470 & 0.1837 & 0.2450 & 0.3110 & 0.1131 \\ 0.2883 & 0.3604 & 0.2957 & 0.0554 & 0 \\ 0.3059 & 0.3541 & 0.2833 & 0.0566 & 0 \\ 0.1558 & 0.1948 & 0.2597 & 0.3339 & 0.0556 \\ 0.2484 & 0.3105 & 0.3060 & 0.1350 & 0 \\ 0.2939 & 0.3890 & 0.2882 & 0.0288 & 0 \\ 0.2884 & 0.3604 & 0.2957 & 0.0554 & 0 \\ 0.1088 & 0.1360 & 0.1813 & 0.2719 & 0.3021 \\ 0.2553 & 0.3191 & 0.3191 & 0.1064 & 0 \end{bmatrix}$$

$$\text{人文资源}\ (R_2^{(1)})\ \begin{bmatrix} 0.4800 & 0.3600 & 0.1600 & 0 & 0 \\ 0.2398 & 0.2997 & 0.3301 & 0.1303 & 0 \\ 0.2715 & 0.3394 & 0.3077 & 0.0814 & 0 \end{bmatrix}$$

$$\text{开发条件}\ (R_3^{(1)})\ \begin{bmatrix} 0.4800 & 0.3600 & 0.1600 & 0 & 0 \\ 0.4068 & 0.3814 & 0.2119 & 0 & 0 \\ 0.1188 & 0.1485 & 0.1980 & 0.2970 & 0.2376 \\ 0.4068 & 0.3814 & 0.2119 & 0 & 0 \\ 0.1558 & 0.1948 & 0.2597 & 0.2783 & 0.1113 \\ 0.4068 & 0.3814 & 0.2119 & 0 & 0 \end{bmatrix}$$

（2）三亚后海铁炉港（D_2）。

$$\text{自然资源}\begin{bmatrix} 0.3570 & 0.3599 & 0.2831 & 0 & 0 \\ 0.3570 & 0.3599 & 0.2831 & 0 & 0 \\ 0.4300 & 0.3746 & 0.1954 & 0 & 0 \\ 0.4300 & 0.3746 & 0.1954 & 0 & 0 \\ 0.4543 & 0.3675 & 0.1782 & 0 & 0 \\ 0.2715 & 0.3394 & 0.3077 & 0.0814 & 0 \\ 0.4300 & 0.3746 & 0.1954 & 0 & 0 \\ 0.4543 & 0.3675 & 0.1782 & 0 & 0 \\ 0.4300 & 0.3746 & 0.1954 & 0 & 0 \end{bmatrix}$$

$$\text{人文资源}\begin{bmatrix} 0.2553 & 0.3191 & 0.3191 & 0.1064 & 0 \\ 0.3353 & 0.2746 & 0.3613 & 0.0289 & 0 \\ 0.2553 & 0.3191 & 0.3191 & 0.1064 & 0 \end{bmatrix}$$

$$\text{开发条件}\begin{bmatrix} 0.4068 & 0.3814 & 0.2119 & 0 & 0 \\ 0.4068 & 0.3814 & 0.2119 & 0 & 0 \\ 0.2553 & 0.3191 & 0.3191 & 0.1064 & 0 \\ 0.4543 & 0.3675 & 0.1782 & 0 & 0 \\ 0.4543 & 0.3675 & 0.1782 & 0 & 0 \\ 0.4068 & 0.3814 & 0.2119 & 0 & 0 \end{bmatrix}$$

（3）三亚藤桥河口（D_3）。

$$\text{自然资源}\begin{bmatrix} 0.4068 & 0.3814 & 0.2119 & 0 & 0 \\ 0.3570 & 0.3599 & 0.2831 & 0 & 0 \\ 0.4543 & 0.3675 & 0.1782 & 0 & 0 \\ 0.43 & 0.3746 & 0.1954 & 0 & 0 \\ 0.4068 & 0.3814 & 0.2119 & 0 & 0 \\ 0.4068 & 0.3814 & 0.2119 & 0 & 0 \\ 0.357 & 0.3599 & 0.2831 & 0 & 0 \\ 0.2328 & 0.291 & 0.3175 & 0.1587 & 0 \\ 0.2715 & 0.3394 & 0.3077 & 0.0814 & 0 \end{bmatrix}$$

$$
人文资源\begin{bmatrix} 0.0984 & 0.1229 & 0.1639 & 0.2459 & 0.3688 \\ 0.2484 & 0.3105 & 0.3060 & 0.1350 & 0 \\ 0.2256 & 0.2820 & 0.3044 & 0.1880 & 0 \end{bmatrix}
$$

$$
开发条件\begin{bmatrix} 0.2884 & 0.3604 & 0.2957 & 0.0554 & 0 \\ 0.3243 & 0.3754 & 0.1201 & 0.1802 & 0 \\ 0.1188 & 0.1485 & 0.1980 & 0.2970 & 0.2376 \\ 0.4300 & 0.3746 & 0.1954 & 0 & 0 \\ 0.4300 & 0.3746 & 0.1954 & 0 & 0 \\ 0.2715 & 0.3394 & 0.3077 & 0.0814 & 0 \end{bmatrix}
$$

（4）陵水新村港（D_4）。

$$
自然资源\begin{bmatrix} 0.4300 & 0.3746 & 0.1954 & 0 & 0 \\ 0.4543 & 0.3675 & 0.1782 & 0 & 0 \\ 0.4068 & 0.3814 & 0.2119 & 0 & 0 \\ 0.4300 & 0.3746 & 0.1954 & 0 & 0 \\ 0.4300 & 0.3746 & 0.1954 & 0 & 0 \\ 0.4300 & 0.3746 & 0.1954 & 0 & 0 \\ 0.4543 & 0.3675 & 0.1782 & 0 & 0 \\ 0.4300 & 0.3746 & 0.1954 & 0 & 0 \\ 0.3570 & 0.3599 & 0.2831 & 0 & 0 \end{bmatrix}
$$

$$
人文资源\begin{bmatrix} 0.4800 & 0.3600 & 0.1600 & 0 & 0 \\ 0.4543 & 0.3675 & 0.1782 & 0 & 0 \\ 0.3570 & 0.3599 & 0.2831 & 0 & 0 \end{bmatrix}
$$

$$
开发条件\begin{bmatrix} 0.2553 & 0.3191 & 0.3191 & 0.1064 & 0 \\ 0.2398 & 0.2997 & 0.3301 & 0.1303 & 0 \\ 0.1188 & 0.1485 & 0.1980 & 0.2970 & 0 \\ 0.4300 & 0.3746 & 0.1954 & 0 & 0 \\ 0.4300 & 0.3746 & 0.1954 & 0 & 0 \\ 0.3243 & 0.3764 & 0.2703 & 0.0290 & 0 \end{bmatrix}
$$

(5) 海口海甸溪（D_5）。

$$\text{自然资源}\begin{bmatrix} 0.1188 & 0.1485 & 0.1980 & 0.2970 & 0.2376 \\ 0.3570 & 0.3599 & 0.2831 & 0 & 0 \\ 0.1885 & 0.2356 & 0.3141 & 0.2618 & 0 \\ 0.1807 & 0.2258 & 0.3012 & 0.2923 & 0 \\ 0.1807 & 0.2258 & 0.3012 & 0.2923 & 0 \\ 0.2256 & 0.2820 & 0.3044 & 0.1880 & 0 \\ 0.2553 & 0.3191 & 0.3191 & 0.1064 & 0 \\ 0.1188 & 0.1485 & 0.1980 & 0.2970 & 0.2376 \\ 0.2553 & 0.3191 & 0.3191 & 0.1064 & 0 \end{bmatrix}$$

$$\text{人文资源}\begin{bmatrix} 0.2553 & 0.3191 & 0.3191 & 0.1064 & 0 \\ 0.2105 & 0.2632 & 0.3509 & 0.1754 & 0 \\ 0.2249 & 0.2811 & 0.3407 & 0.1533 & 0 \end{bmatrix}$$

$$\text{开发条件}\begin{bmatrix} 0.48 & 0.36 & 0.16 & 0 & 0 \\ 0.43 & 0.3746 & 0.1954 & 0 & 0 \\ 0.1188 & 0.1485 & 0.1980 & 0.2970 & 0.2376 \\ 0.3570 & 0.3599 & 0.2831 & 0 & 0 \\ 0.3570 & 0.3599 & 0.2831 & 0 & 0 \\ 0.4068 & 0.3814 & 0.2119 & 0 & 0 \end{bmatrix}$$

(6) 三亚崖州大疍港（D_6）。

$$\text{自然资源}\begin{bmatrix} 0.4068 & 0.3814 & 0.2119 & 0 & 0 \\ 0.4300 & 0.3746 & 0.1954 & 0 & 0 \\ 0.4300 & 0.3746 & 0.1954 & 0 & 0 \\ 0.4300 & 0.3746 & 0.1954 & 0 & 0 \\ 0.4543 & 0.3675 & 0.1782 & 0 & 0 \\ 0.4300 & 0.3746 & 0.1954 & 0 & 0 \\ 0.4300 & 0.3746 & 0.1954 & 0 & 0 \\ 0.1470 & 0.1838 & 0.2451 & 0.3110 & 0.1131 \\ 0.3243 & 0.3754 & 0.1201 & 0.1802 & 0 \end{bmatrix}$$

$$\text{人文资源}\begin{bmatrix} 0.0876 & 0.1095 & 0.1460 & 0.2190 & 0.4379 \\ 0.1188 & 0.1485 & 0.1980 & 0.2970 & 0.2376 \\ 0.0876 & 0.1095 & 0.1460 & 0.2190 & 0.4379 \end{bmatrix}$$

$$\text{开发条件}\begin{bmatrix} 0.3570 & 0.3599 & 0.2831 & 0 & 0 \\ 0.4300 & 0.3746 & 0.1954 & 0 & 0 \\ 0.1188 & 0.1485 & 0.1980 & 0.2970 & 0.2376 \\ 0.3243 & 0.3754 & 0.1201 & 0.1802 & 0 \\ 0.4300 & 0.3746 & 0.1954 & 0 & 0 \\ 0.1807 & 0.2258 & 0.3012 & 0.2923 & 0 \end{bmatrix}$$

（7）文昌铺前港（D_7）。

$$\text{自然资源}\begin{bmatrix} 0.2884 & 0.3604 & 0.2957 & 0.0554 & 0 \\ 0.2884 & 0.3604 & 0.2957 & 0.0554 & 0 \\ 0.1088 & 0.1360 & 0.1813 & 0.2719 & 0.3021 \\ 0.2398 & 0.2997 & 0.3301 & 0.1303 & 0 \\ 0.1188 & 0.1485 & 0.1980 & 0.2970 & 0.2376 \\ 0.2328 & 0.2910 & 0.3175 & 0.1587 & 0 \\ 0.2328 & 0.2910 & 0.3175 & 0.1587 & 0 \\ 0.0984 & 0.1229 & 0.1639 & 0.2459 & 0.3688 \\ 0.1807 & 0.2258 & 0.3012 & 0.2923 & 0 \end{bmatrix}$$

$$\text{人文资源}\begin{bmatrix} 0.2249 & 0.2811 & 0.3407 & 0.1533 & 0 \\ 0.4543 & 0.3675 & 0.1782 & 0 & 0 \\ 0.4543 & 0.3675 & 0.1782 & 0 & 0 \end{bmatrix}$$

$$\text{开发条件}\begin{bmatrix} 0.3353 & 0.2746 & 0.3613 & 0.0289 & 0 \\ 0.4068 & 0.3814 & 0.2119 & 0 & 0 \\ 0.1088 & 0.1360 & 0.1813 & 0.2719 & 0.3021 \\ 0.3243 & 0.3754 & 0.1201 & 0.1802 & 0 \\ 0.4068 & 0.3814 & 0.2119 & 0 & 0 \\ 0.2553 & 0.3191 & 0.3119 & 0.1064 & 0 \end{bmatrix}$$

(8) 昌江新港(D_8)。

$$
\text{自然资源}\begin{bmatrix} 0.48 & 0.36 & 0.16 & 0 & 0 \\ 0.48 & 0.36 & 0.16 & 0 & 0 \\ 0.3059 & 0.3514 & 0.2883 & 0.0566 & 0 \\ 0.1885 & 0.2356 & 0.3141 & 0.2618 & 0 \\ 0.2553 & 0.3191 & 0.3191 & 0.1064 & 0 \\ 0.3570 & 0.3599 & 0.2831 & 0 & 0 \\ 0.4068 & 0.3814 & 0.2119 & 0 & 0 \\ 0.1885 & 0.2356 & 0.3141 & 0.2618 & 0 \\ 0.2715 & 0.3394 & 0.3077 & 0.0814 & 0 \end{bmatrix}
$$

$$
\text{人文资源}\begin{bmatrix} 0.2249 & 0.2811 & 0.3407 & 0.1533 & 0 \\ 0.4300 & 0.3746 & 0.1954 & 0 & 0 \\ 0.4068 & 0.3814 & 0.2119 & 0 & 0 \end{bmatrix}
$$

$$
\text{开发条件}\begin{bmatrix} 0.1188 & 0.1485 & 0.1980 & 0.2970 & 0.2376 \\ 0.1188 & 0.1485 & 0.1980 & 0.2970 & 0.2376 \\ 0.1088 & 0.1360 & 0.1813 & 0.2719 & 0.3021 \\ 0.1885 & 0.2356 & 0.3141 & 0.2618 & 0 \\ 0.4300 & 0.3746 & 0.1954 & 0 & 0 \\ 0.2884 & 0.3604 & 0.2957 & 0.0554 & 0 \end{bmatrix}
$$

第六节 计算综合评价值并排序

对三亚港(D_1)的准则层指标 $B_1^{(1)}$、$B_2^{(1)}$、$B_3^{(1)}$ 作综合评价,得出结果:

$B_1^{(1)} = W_1 \times R_1^{(1)} = (0.2466, 0.0911, 0.1463, 0.0496, 0.2366, 0.1464, 0.0278, 0.0278, 0.0278)\times$

$$
\begin{bmatrix} 0.1470 & 0.1837 & 0.2450 & 0.3110 & 0.1131 \\ 0.2883 & 0.3604 & 0.2957 & 0.0554 & 0 \\ 0.3059 & 0.3541 & 0.2833 & 0.0566 & 0 \\ 0.1558 & 0.1948 & 0.2597 & 0.3339 & 0.0556 \\ 0.2484 & 0.3105 & 0.3060 & 0.1350 & 0 \\ 0.2939 & 0.3890 & 0.2882 & 0.0288 & 0 \\ 0.2884 & 0.3604 & 0.2957 & 0.0554 & 0 \\ 0.1088 & 0.1360 & 0.1813 & 0.2719 & 0.3021 \\ 0.2553 & 0.3191 & 0.3191 & 0.1064 & 0 \end{bmatrix}
$$

$= (0.2349, 0.2937, 0.3238, 0.1551, 0.0388)$

同理，可以得出：

$B_2^{(1)}=(0.2792,\ 0.3197,\ 0.3021,\ 0.0988,\ 0)$

$B_3^{(1)}=(0.3190,\ 0.3042,\ 0.2156,\ 0.1047,\ 0.0569)$

由 $B_1^{(1)}$、$B_2^{(1)}$、$B_3^{(1)}$ 得出三亚港旅游资源开发潜力的总灰色评价权矩阵 $R^{(1)}$：

$$R^{(1)}=\begin{bmatrix}0.2349 & 0.2937 & 0.3238 & 0.1551 & 0.0388\\ 0.2792 & 0.3197 & 0.3021 & 0.0988 & 0\\ 0.3190 & 0.3042 & 0.2156 & 0.1047 & 0.0569\end{bmatrix}$$

对三亚港的目标层指标 $A^{(1)}$ 作综合评价，得其综合评价结果：

$$A^{(1)}=W\times R^{(1)}=(0.2763,\ 0.5953,\ 0.1282)\times\begin{bmatrix}0.2349 & 0.2937 & 0.3238 & 0.1551 & 0.0388\\ 0.2792 & 0.3197 & 0.3021 & 0.0988 & 0\\ 0.3190 & 0.3042 & 0.2156 & 0.1047 & 0.0569\end{bmatrix}$$

$A^{(1)}=(0.2720,\ 0.3105,\ 0.2969,\ 0.1151,\ 0.0180)$

依据各评价灰类等级值化向量 $C=(5,\ 4,\ 3,\ 2,\ 1)$，计算三亚港旅游资源开发潜力的综合评价值为：

$$D_1=A^{(1)}\times C^T=(0.2720,\ 0.3105,\ 0.2969,\ 0.1151,\ 0.0180)\times(5,\ 4,\ 3,\ 2,\ 1)^T=3.7409$$

同理，计算得出：

$$R^{(2)}=\begin{bmatrix}0.3886 & 0.3626 & 0.2369 & 0.0119 & 0\\ 0.3 & 0.2942 & 0.3427 & 0.0631 & 0\\ 0.4022 & 0.3692 & 0.2151 & 0.0135 & 0\end{bmatrix}$$

$A^{(2)}=(0.3375,\ 0.3227,\ 0.2971,\ 0.0427,\ 0)$

$D_2=3.955$

$$R^{(3)}=\begin{bmatrix}0.4004 & 0.3620 & 0.2309 & 0.0067 & 0\\ 0.2228 & 0.2785 & 0.2882 & 0.1655 & 0.0450\\ 0.3064 & 0.3310 & 0.2456 & 0.0869 & 0.0301\end{bmatrix}$$

$A^{(3)}=(0.2825,\ 0.3082,\ 0.2668,\ 0.1115,\ 0.0306)$

$D_3 = 3.6993$

$$R^{(4)} = \begin{bmatrix} 0.4175 & 0.3623 & 0.2202 & 0 & 0 \\ 0.4263 & 0.3642 & 0.2095 & 0 & 0 \\ 0.3364 & 0.3145 & 0.2776 & 0.0705 & 0 \end{bmatrix}$$

$A^{(4)} = (0.4123, 0.3572, 0.2215, 0.0090, 0)$

$D_4 = 4.1728$

$$R^{(5)} = \begin{bmatrix} 0.1916 & 0.2317 & 0.2746 & 0.2369 & 0.0652 \\ 0.2206 & 0.2758 & 0.3437 & 0.1599 & 0 \\ 0.3658 & 0.3422 & 0.2243 & 0.0376 & 0.0301 \end{bmatrix}$$

$A^{(5)} = (0.2312, 0.2722, 0.3092, 0.1655, 0.0219)$

$D_5 = 3.5253$

$$R^{(6)} = \begin{bmatrix} 0.4192 & 0.3691 & 0.1948 & 0.0137 & 0.0032 \\ 0.1050 & 0.1313 & 0.1750 & 0.2627 & 0.3260 \\ 0.2810 & 0.2884 & 0.2415 & 0.1590 & 0.0301 \end{bmatrix}$$

$A^{(6)} = (0.2144, 0.2171, 0.1890, 0.1807, 0.1988)$

$D_6 = 3.0676$

$$R^{(7)} = \begin{bmatrix} 0.2016 & 0.2520 & 0.2578 & 0.1778 & 0.1107 \\ 0.4263 & 0.3570 & 0.1980 & 0.0187 & 0 \\ 0.2978 & 0.3159 & 0.2584 & 0.0897 & 0.0382 \end{bmatrix}$$

$A^{(7)} = (0.3477, 0.3226, 0.2222, 0.0493, 0.0355)$

$D_7 = 3.8296$

$$R^{(8)} = \begin{bmatrix} 0.3530 & 0.3430 & 0.2519 & 0.0560 & 0 \\ 0.3976 & 0.3654 & 0.2184 & 0.0186 & 0 \\ 0.2608 & 0.2866 & 0.2395 & 0.1293 & 0.0838 \end{bmatrix}$$

$A^{(8)} = (0.3677, 0.3490, 0.2295, 0.0431, 0.0107)$

$D_8 = 4.0199$

计算得出其他 7 处所属地的准则层评价值和综合评价值，结果见表 12-8。

表 12-8　综合评价结果及排序

所属地	目标层 (A)	评价结果	排序	准则层 (B_1)	评价结果	排序	准则层 (B_2)	评价结果	排序	准则层 (B_3)	评价结果	排序
三亚港	D_1	3.7409	5	$B_1^{(1)}$	3.6697	6	$B_2^{(1)}$	3.7787	5	$B_3^{(1)}$	3.7249	6
三亚后海铁炉港	D_2	3.9550	3	$B_1^{(2)}$	4.1279	4	$B_2^{(2)}$	3.8311	4	$B_3^{(2)}$	4.1601	2
三亚藤桥河口	D_3	3.6993	6	$B_1^{(3)}$	4.1516	3	$B_2^{(3)}$	3.4686	7	$B_3^{(3)}$	3.7967	4
陵水新村港	D_4	4.1728	1	$B_1^{(4)}$	4.1973	1	$B_2^{(4)}$	4.2168	1	$B_3^{(4)}$	3.9138	3
海口海甸溪	D_5	3.5253	7	$B_1^{(5)}$	3.2476	8	$B_2^{(5)}$	3.7571	6	$B_3^{(5)}$	4.6528	1
三亚崖州大疍港	D_6	3.0676	8	$B_1^{(6)}$	4.1874	2	$B_2^{(6)}$	2.4266	8	$B_3^{(6)}$	3.6312	7
文昌铺前港	D_7	3.8296	4	$B_1^{(7)}$	3.2557	7	$B_2^{(7)}$	4.1909	2	$B_3^{(7)}$	3.7454	5
昌江新港	D_8	4.0199	2	$B_1^{(8)}$	4.0047	5	$B_2^{(8)}$	4.1420	3	$B_3^{(8)}$	3.5113	8

第七节　评价结果分析与检验

一、评价结果分析

从海南疍家人 8 处主要聚集地的疍家文化旅游资源开发潜力的综合评价值和三个准则层评价指标的评价值结果（见表 12-8）可以看出，疍家文化旅游资源开发潜力的综合评价值高低顺序是陵水新村港（4.1728）>昌江新港（4.0199）>后海铁炉港（3.9550）>文昌铺前港（3.8296）>三亚港（3.7409）>三亚藤桥河口（3.6993）>海口海甸溪（3.5253）>崖城大疍港（3.0676）。自然资源吸引力的综合评价值顺序是：陵水新村港（4.1973）>崖城大疍港（4.1874）>三亚藤桥河口（4.1516）>后海铁炉港（4.1279）>昌江新港（4.0047）>三亚港（3.6697）>文昌铺前港（3.2557）>海口海甸溪（3.2476）。人文资源价值的综合评价值顺序是：陵水新村港（4.2168）>文昌铺前港（4.1909）>昌江新港（4.1420）>后海铁炉港（3.8311）>三亚港（3.7787）>海口海甸溪（3.7571）>三亚藤桥河口（3.4686）>崖城大疍港（2.4266）。开发条件的综合评价值顺序是：海口海甸溪（4.6528）>后海铁炉港（4.1601）>陵水新村港（3.9138）>三亚藤桥河口（3.7967）>文昌铺前港（3.7454）>三亚港（3.7249）>崖城大疍港（3.6312）>昌江新港（3.5113）。

根据综合评价值结果，海南疍家人8处主要聚集地的疍家文化旅游资源开发潜力可划分为三个等级：一级为陵水新村港和昌江新港，综合评价值大于4分，为优先开发地；二级为后海铁炉港，文昌铺前港，三亚港，三亚藤桥河口和海口海甸溪5个聚集地，综合评价值在3.5~4分之间，为次开发地；三级为崖城大疍港，综合评价值大于3分小于3.5分，为适时开发地。

二、评价结果检验

为检验多层次灰色评价方法在海南疍家文化旅游资源所属地开发潜力评价中的可靠度，本书请海南旅游规划部门管理人员对8处所属地的开发潜力进行专家意见法评价，评价结论与本书结果基本一致。这说明多层次灰色方法应用于海南疍家文化旅游资源开发潜力评价具有一定的准确性，可以为相关部门和人员提供参考和借鉴。

小　　结

选择开发地和时序时，主要是遵循和参考开发潜力评价等级顺序依次开发。综合开发潜力最大的是陵水新村港，优越的自然资源条件和丰富的疍家文化旅游资源使它的开发潜力最大，应该首先考虑。

选择开发内容和项目时，应主要结合三个依据：一是各个疍家文化旅游资源所属地对应指标层18个评价指标的评价结果；二是游客的疍家文化旅游需求偏好情况；三是尽量与其他各处所属地的开发内容实现差异化。

参 考 文 献

[1] Priskin J. Assessment of natural resources for nature based tourism: The case of the Central

Coast Region of Western Australia [J]. Tourism Management, 2001, 22 (6): 637~646.

[2] Deborah C. Developing ecotourism in First World resource - dependent areas [J]. Geoforum, 2006, 37: 212~226.

[3] Sheryl R, Geoffrey W. Evaluating ecotourism: The case of North Sulawesi Indonesia [J]. Tourism Management, 1999, 20: 673~682.

[4] 李悦铮, 李鹏升, 黄丹. 海岛旅游资源评价体系构建研究 [J]. 资源科学, 2013, 35 (2): 304~311.

[5] 李泽, 孙才志, 邹玮. 中国海岛县旅游资源开发潜力评价 [J]. 资源科学, 2011, 33 (7): 1408~1417.

[6] 吕建树, 刘洋, 张祖陆, 等. 鲁北滨海湿地生态旅游资源开发潜力评价及开发策略 [J]. 资源科学, 2011, 33 (9): 1788~1798.

[7] 景志慧, 张隧文. 基于多层次灰色方法的旅游资源开发潜力评价——以巴中南阳森林公园为例 [J]. 西北大学学报 (自然科学版), 2014, 44 (5): 813~816.

[8] 王艳茹, 李陇堂. 基于多层次灰色方法的旅游资源开发评价——以宁夏主要沙漠景区为例 [J]. 宁夏工程技术, 2015, 14 (1): 83~88.

[9] 汪侠, 顾朝林, 刘晋媛, 等. 旅游资源开发潜力评价的多层次灰色方法——以老子山风景区为例 [J]. 地理研究, 2007, 26 (3): 625~635.

[10] 汪侠, 黄贤金, 甄峰, 等. 城市地下空间资源开发潜力的多层次灰色评价 [J]. 同济大学学报 (自然科学版), 2009, 37 (8): 1122~1127.

[11] Littrel I M A, Baizennan S, Kean R. Retal Souvenirs and tourism styles [J]. Journal of Travel Research, 2009, 33 (1): 3~11.

[12] Peattie K, Peattie S. Promotional competitions: a winning tool for tourism marketing [J]. Tourism Management, 2007, 17 (6): 433~442.

第十三章 海南疍家文化旅游资源的保护性开发规划

第一节 海南疍家文化旅游资源的开发模式选择

关于文化旅游开发模式，国内学者近几年做了不少的理论探讨和实证研究。朱生东等人从物质文化、制度文化、精神文化三个层面构建文化旅游整体开发模式[1]。吴晗等人结合旅游地生命周期理论与划分自然保护区圈层方法，提出并剖析了基于时空规律的非物质文化遗产保护性旅游开发的“DLC”和“PA”模式[2]。丁婧根据吴文化遗产资源的类型、特点、社会价值及区域分布等，从体验导向和联合开发两个方面提出吴文化遗产旅游开发模式。黄宇针对海南国家级非物质文化遗产的特点，提出海南国家级非物质文化遗产体验型开发的三种模式：舞台体验型模式、传习所实操体验型模式和博物馆陈列型体验型模式[3]。

一、RMIP 分析模式简介

（1）RMP 分析法介绍。昂普（RMP）分析理论最早在 1999 年由我国学者吴必虎[4]为了解决中国区域旅游开发面临的有效需求不足、旅游产品结构性过剩的问题，提出区域旅游资源开发应当从资源（Resource）、市场（Market）和产品（Product）三方面进行程序式评价论证。即区域旅游资源开发应首先分析旅游资源（Resource）和市场（Market），然后再决定产品（Product）的开发类型。旅游资源开发应从三方面进行系统评价和分析，但核心是旅游产品的开发。RMP 分析法是研究如何将资源转化为产品以满足市场和引导市场的分析模式，被国内外很多学者应用于区域旅游的开发、规划，并起到了很好的指导作用[5~9]。

（2）RMIP 介绍。RMIP 模式是 RMP 的拓展和延续[10]。RMIP 模式除了从资源、市场、产品三个方面进行分析外，还增加了形象研究[11]。在旅游项目或旅游产品的开发研究中，资源、市场及形象都是必须考虑的重要因子，其中资源是产品开发的根基，市场是产品开发的风向标，形象是产品开发的灵魂。因此，在旅游产品的研究和开发中，资源、市场、形象三者缺一不可。

二、文化旅游资源开发模式简介

关于文化旅游资源的开发，国内外学者从不同的研究视角，提出了很多不同的开发模式[12~14]。对其进行归类总结，大概主要有以下类型：

（1）博物馆开发模式。博物馆开发模式是运用声、像、物等手段将文化遗产陈放在博物馆内供游客参观。博物馆是一种静态的开发和保护，作为旅游产品，缺少生活性与参与性。和博物馆静态展示相比，动态陈列具有更加全面展示对象的优势，动态陈列一方面通过操作实物或传承人演示来展示文化的内涵与精髓，另一方面通过多媒体等现代科技手段向观众传递全方位的信息。

（2）短期节庆活动开发模式。节庆就是依托目的地社区的历史文化、民族风情等方面的独特资源，加以整合包装，能够产生具有目的地标志性的独特形象和吸引力，在相对固定的时间地点重复举办的事件旅游活动。节日中传统文化的主要表现形式有民间舞蹈、民间音乐、传统戏剧、竞技、传统手工艺、民俗活动等，是体现民族独特个性的主要标志和文化表现事项，在节庆旅游开发中往往作为旅游吸引物成为品牌产品。

（3）舞台演艺开发模式。舞台演艺开发模式从旅游者角度出发，体现地域文化背景，注重体验性和参与性，形式多样的主题商业表演与活动。主要将历史传说、民族歌舞、民族戏剧、民族手工技艺等经过加工和包装后搬上舞台。主要有以下特征：一是演艺项目是从旅游者角度出发的，是针对旅游市场开展的，不同于文艺表演；二是演艺项目体现了该地域的文化，突出文化在旅游中的核心竞争力；三是演艺项目强调旅游者观赏和参与体验的结合；四是演艺项目形式多样，除了常见的舞台表演等活动之外，还可以有即兴表演，巡游表演或者旅游者参与演出活动等；五是演艺项目强调主题鲜明；六是演艺项目是商业性质的，演艺项目的开展目的是吸引旅游者，延长其逗留时间，从而带来溢出效益。

（4）生态博物馆开发模式。生态博物馆是将整个社区作为博物馆空间，以期对社区的自然遗产和文化遗产进行整体保护，以各种方式记载、保护和传播社区的文化精华并推动社区向前发展。即将整个社区作为一种开放的博物馆，它强调保护和保存文化遗产的真实性、完整性和原生性。与传统博物馆相比，民族生态博物馆建立在一个文化生态保持较好的社区里，对社区的自然遗产和文化遗产进行整体保护，社区居民与其所创造的文化和其所改造的自然和谐相处，是这一切的拥有者和保护者。因为民族生态博物馆具有原生态性、民众性、原地保护、整体保护、动态发展等特点，所以克服了传统博物馆的静态性局限，消除了异地模拟型的虚拟性。

（5）复原历史开发模式。复原历史开发模式对于保护已失传的民族文化十分奏效。按照历史记载，挖掘题材，通过搜索、整理、建设、再现，还原或部分还原当时的历史风貌或传说中的状态，让游客了解过去的民俗文化。这种模式令时光实现“倒流”，满足游客原本不能实现的愿望。

（6）主题附会开发模式。指将民俗文化主题与某一特定功能的旅游业设施结合起来，形成相得益彰的效果，如文化主题餐厅、文化主题酒店、文化旅游商业活动街区等。

（7）综合开发模式。综合开发模式，又称混合开发模式。由于文化本身的多样性和复杂性，有时同一种文化可以适用多种开发模式，既可以通过民俗生态旅游模式开发，也可以通过民族节庆方式展示开发，还可应用民族演出模式进行开发。

三、基于 RMIP 理论的海南疍家文化旅游资源开发规划

运用 RMIP 理论，从资源（Resources）、市场（Market）、形象（Image）、产品（Production）四个模块，对 8 处海南疍家文化资源所属地进行资源和市场分析，开发模式和内容选择，具体见表 13-1。

表 13-1　海南疍家文化旅游资源开发的 RMIP 分析与选择

所属地	资源（Resources）	市场（Market）		形象（Image）	产品（Production）		
	优劣势分析	市场对象	消费心理	主题形象定位	开发模式选择	开发内容（产品或项目）	开发特点
三亚港	优势：人口规模大，节事活动丰富，交通条件和地理位置好，附近旅游地开发程度高； 劣势：没有可被利用的海滩、港湾和陆地	大众游览观光	自娱求异求新	浓缩提升式文化体验	短期节庆活动	元宵节，端午节，疍家文化节	短期内向大量游客全面综合展示疍家文化

续表 13-1

所属地	资源（Resources）	市场（Market）		形象（Image）		产品（Production）	
	优劣势分析	市场对象	消费心理	主题形象定位	开发模式选择	开发内容（产品或项目）	开发特点
三亚后海铁炉港	优势：适宜以冲浪、潜水为主的多种类海上、海滩和海底活动，疍家渔排海鲜已有较高知名度，地处海棠湾国家海岸开发区内，交通条件和地理位置好，紧挨著名5A景区蜈支洲岛，社区参与意愿和能力强； 劣势：各方面条件都可以，但是都不是最佳或最优	海上运动爱好者	自娱探险求技	海上运动和疍家特色食宿	主题附会	疍家渔排海鲜，疍家主题民宿，疍家传统体育	依托蜈支洲岛，在皇后湾和铁炉港开辟疍家海上运动天堂和特色食宿
三亚藤桥河口	优势：地处海棠湾国家海岸开发区内，交通条件和地理位置好，有足够被利用或开发的海滩、海面、港湾和陆地，海水和沙滩质量好； 缺势：人口规模小，疍家文化资源条件差	大众游览观光	求异求新	疍家特色食宿	主题附会	疍家渔排海鲜，疍家棚，海上船屋	依托海棠湾国际免税城，在藤桥河口和椰子洲岛的湿地公园嵌入式开发疍家特色食宿
陵水新村港	优势：自然资源和文化资源的各项指标基本都是最佳，属于一级优先开发地，紧挨国家5A景区猴岛，与之组合能力强； 劣势：交通条件和地理位置一般	小众深度参与体验	探险求知求技	原生态文化体验	生态博物馆	深度文化参与体验，疍家传统体育传习教育基地，海洋教育基地	建立疍家文化生态保护区，对其进行整体保护，以求保存文化的真实完整和原生性

续表 13-1

所属地	资源（Resources）	市场（Market）		形象（Image）		产品（Production）	
	优劣势分析	市场对象	消费心理	主题形象定位	开发模式选择	开发内容（产品或项目）	开发特点
海口海甸溪	优势：交通条件和地理位置优越，海南岛上最早的疍家人集聚地之一，文化积淀深厚； 劣势：没有可被利用或开发的海滩、港湾和陆地面积，海水海滩等质量差，城市化使海口疍家人的居住、生产等文化发生巨大变化	大众游览观光	自娱求异求新	浓缩提升式文化体验	博物馆，主题附会，舞台演艺	疍家文化主题酒店，疍家文化主题餐厅，疍家文化主题乐园，疍家文化博物馆	在海甸岛的疍家人聚集区，打造疍家文化主题酒店和主题餐厅，或在滨海公园和海岸开发时考虑植入疍家文化元素
三亚崖州大疍港	优势：清朝中期之前是海南疍家主要集聚地，地处三亚崖州开发区，邻近海南最大的渔港——崖州中心渔港，海水和海滩等自然条件优越； 劣势：现在基本已经没有疍家人居住	海产品购物需求者	自娱购物	体验式购物	复原历史	疍家水上集市，旅游商品展销，工艺流程展演	规划成水上集市，再现疍家艇云集在大疍港入海口的景象，主要用于海产品干货，海鲜等疍家特色商品展销，疍家美食体验

续表 13-1

所属地	资源（Resources）	市场（Market）		形象（Image）		产品（Production）	
	优劣势分析	市场对象	消费心理	主题形象定位	开发模式选择	开发内容（产品或项目）	开发特点
文昌铺前港	优势：文化保持完好，节庆活动丰富，交通地理位置良好，处于海口周边旅游开发重点区域； 劣势：海水和海滩质量一般	所有消费群体	单一或多重需求	全面综合体验	综合开发	旅游6要素的多环节综合开发	核心区的深度文化参与体验，外围区的吃住购娱普通游乐体验
昌江新港	优势：自然资源和人文资源条件都好； 劣势：交通及地理位置最差，周边旅游开发程度较低	小众深度参与和体验	探险求知求技	原生态文化体验	生态博物馆	深度文化参与体验，疍家传统体育传习教育基地，海洋教育基地	建立疍家文化生态保护区，对其进行整体保护，以求保存文化的真实完整和原生性

（1）三亚港。三亚港背依三亚市，面临南海，左邻星级酒店云集的鹿回头半岛和大东海景区，右挨三亚商业中心，东南与西沙群岛隔海遥望，水路与陆路交通均十分便利，地理位置优越。目前，三亚港正在积极发展以游艇

和邮轮为主的国际国内旅游客运，打造三亚最大的海上旅游圈。三亚港的疍家人口规模在海南岛各疍家人集聚地中最大，文化保持度相对良好，且节事活动比较丰富，如游龙神、祭古井、赛龙舟等活动，当地疍家人的旅游开发参与意愿和能力也相对较强。但是在三亚港周围的旅游开发规划和建设中，几乎没有融入任何疍家文化元素，也没有专门的疍家文化开发用地。没有可以利用的海滩、港湾和陆地是目前三亚港疍家文化旅游开发的最大问题和困境。因此，适合三亚港的疍家文化旅游开发模式是短期节庆活动开发模式，即利用三亚的游客流量大，三亚港疍家人口规模大和文化活动丰富的优势，选定疍家人的某个传统隆重节日或节庆，将其传统文化中的精华表现形式如咸水歌谣、传统体育竞技、传统手工艺、传统美食、各种民俗活动等，加以整合包装，在短期内综合展现给大量游客，带给大众游客一种浓缩提升式文化体验，从而形成疍家文化的独特形象和吸引力。

（2）三亚后海铁炉港。铁炉港地处三亚海棠湾国家海岸开发区内，周边五星级酒店云集，旅游基础设施完善，紧挨著名 5A 景区蜈支洲岛，交通条件和地理位置都很好。周边的海水水质好，海滩沙子干净细软，适宜以冲浪、潜水为主的多种类海上、海滩和海底运动。后海铁炉港的疍家渔排海鲜已有较高知名度，形成了一定的规模和品牌效应，但是疍家文化总体保持度一般。因此，适合三亚后海铁炉港的疍家文化旅游开发模式是主题附会开发模式，即依托蜈支洲岛，皇后湾和铁炉港，将疍家饮食文化，居住文化和疍家传统体育附会到相关项目开发中。如开发疍家文化主题民宿和渔排餐饮，吸引资深海鲜美食爱好者。依托周边海域适宜海上运动的优势，开发疍家传统体育深度参与项目，吸引资深海上运动爱好者。

（3）三亚藤桥河口。藤桥河口地处海棠湾国家海岸开发区内，地理位置好，周边有大片湿地未开发，海水和沙滩质量都很好，入海口处和海面风光都美不胜收，但是疍家人口规模很小，文化资源条件相对较差。因此，适合三亚藤桥河口的疍家文化旅游开发模式是主题附会开发模式，即在藤桥河口和椰子洲岛的湿地公园嵌入式开发疍家特色食宿。如在藤桥河口和椰子洲岛建岸边疍家棚，在附近海域提供带有疍家文化色彩的海上船屋住宿，将疍家棚、疍家船、疍家渔排海鲜等食宿文化精髓附会到周边旅游地开发中，满足大众游客的特色文化体验。

（4）陵水新村港。新村港位于陵水黎族自治县东南部，距三亚市 50 公里、距环岛东线高速公路英州出入口13公里，交通条件和地理位置一般。紧挨国家5A景区猴岛，港湾和海上自然景观迷人，海水和沙滩质量好。新村港的疍家人口规模仅次于三亚港，疍家文化保持度最高，节事活动丰富。因此，适合陵水新村港的疍家文化旅游开发模式是生态博物馆开发模式，即充分利用新村港自然资源和文化资源最佳，属于一级优先开发地的优势，建立疍家文化生态保护区，将整个社区作为一种开放的博物馆，对其进行整体保护，以求保护和保存文化遗产的真实性、完整性和原生性。例如，打造少量的深度文化参与体验项目来满足小众群体的疍家原生态文化深度体验需求，建立疍家传统体育传习教育基地，对新生代疍家人和所有有学习意愿的人进行培训，以求传统体育技能的传承，建立国家海洋教育基地来培养中国游客乃至所有民众的爱海护海意识。

（5）海口海甸溪。海甸溪是南渡江的入海口，因其宽度适中，深浅得当，成为海口人出海和内地人来琼的第一站，是海口市的发祥之地。紧挨溪边的海甸岛原住民，曾经多数是以海为生的疍家人，他们出海回来的渔船都停在海甸溪里。海甸岛是海南岛上最早的疍家人集聚地之一，疍家文化积淀深厚。但是，城市化和国际旅游岛建设使海口疍家人的居住、生产和生活都发生了巨大变化，文化保持度一般。周边陆地和水域开发中，疍家文化印记很少，现在已经没有了可被利用的海滩、港湾和陆地面积。因此，适合海口海甸溪的疍家文化旅游开发模式是主题附会和舞台演艺式模式。即在海甸岛的主要疍家人聚集区，打造一些知名的疍家文化主题酒店，疍家文化主题餐厅。在海岸开发时考虑植入疍家文化元素，建疍家文化广场，疍家文化博物馆，疍家小吃街等。

（6）三亚崖州大疍港。大疍港是清朝中期以前海南岛南部的最大海港之一，位于宁远河入海口，紧挨4A风景名胜大小洞天。大疍港在海南岛古代海上交通史上有举足轻重的地位，作为重要的海上交通中转站，它见证了崖州城的辉煌历史。作为优良天然海港，曾经能从容的停泊数百艘大小船只。港外的崖州湾和外海盛产马鲛鱼、红鱼、鱿鱼、海参等，是疍家人的天然渔场。现在的大疍村、小疍园都曾是疍家人早期的居住点，大疍港的名称也是因曾是疍家人的最大集聚地而来。后来由于自然和政治等原因，大疍港的疍家人都迁移到三亚港及周边，留在原地的少数疍家人慢慢被同化，相关信息不详。因此，适合三亚崖州大疍港的疍家文化旅游开发模式是复原历史开发模式。即利用它地处崖州开发区和紧邻海南最大的渔港——崖州中心渔港的优势，再现当年疍家艇云集在大疍港入海口的景象，把大疍港规划成水上集市，一条疍家艇就是一家店。主要用于海产品干货、鲜货等疍家特色商品展销，疍家特色商品制作工艺和流程展示与参与，疍家美食体验等，用这种历史再现式集市来满足高端海产品购物和疍家文化体验需求。

（7）文昌铺前港。铺前港位于文昌市的最北部，同海口的美兰区隔海相望。乘海上公共交通 40 多分钟就到海口，现在铺前跨海大桥即将修通，铺前港到海口市十几分钟以内的车程即到。铺前及周边的旅游资源丰富，处于海口周边旅游开发重点区域，铺前大桥通车后，将极大地带动铺前地区的旅游发展。由于铺前港目前还没有进行旅游开发，铺前疍家人的居住传统、饮食传统、渔业生计方式等都保持度很高，节事活动丰富，并且铺前港可供旅游开发的海域和陆地面积多。因此，适合文昌铺前港的疍家文化旅游开发模式是综合开发模式，即从旅游 6 要素进行多环节综合开发，将铺前港疍家文化旅游开发划分为核心区和外围区，核心区为了文化的保持度只对少量游客提供深度文化参与体验，而外围区供所有游客的吃住购娱普通游乐体验。

（8）昌江新港。新港是琼西较大的渔港之一，新港形同一个半岛，三面环水。新港村是昌江港湾滩涂面积最大的疍家渔村，聪明的疍家人将家建在海边，每一家前门对着热闹的大街，后院是碧蓝的大海。新港的地理位置和交通条件最差，周边旅游开发程度较低。但是新港村的疍家文化保持度很高，有很多可被开发的海洋和陆地。因此，适合昌江新港的疍家文化旅游开发模式是生态博物馆开发模式，利用它远离旅游圈和自身保持良好的优点，进行整体保护以求保存文化的真实完整和原生性。

第二节　海南疍家文化旅游资源的开发建议

一、保护式开发

文化旅游开发的多数开发过程，都会对资源造成不同形式的破坏，不仅表现在对当地生态环境的影响，还包括对文化的不同程度干扰和冲击。对疍家文化旅游资源的保护与开发，更加强调对区域内多种多样的自然、人文及生态系统进行整体生境保护。

（一）生态保护

海南疍家人生活在海陆结合的湾港，其生态系统比较脆弱，由于长期受到人为因素的干扰，大部分湾港的生态平衡遭到不同程度的破坏，已经出现退化或严重退化现象。而在深层次旅游开发中更易出现一系列问题，诸如过度开发或决策失误而带来的破坏性建设。因此，疍家文化旅游开发必须坚持“保护优先，生态为基，持续发展”的原则，不仅不能构成新的环境污染，而且要通过保护式开发和建设，促进相关港湾和海域生态环境的恢复和改善。如海上和海边的住宿、餐饮、活动基地等的开发建设对于该区的海水水质、土地利用、植被覆盖情况以及海洋动植物栖息环境等造成的影响都进行详细评估，在生态环境许可的范围内进行开发利用。并全部应用循环经济技术和管理模式，将旅游活动带来的污染和排放降到最低甚至是零。

（1）高起点规划。海岸带资源的高度复合型及生态脆弱性在无形中提高了对各种开发项目的要求，如果旅游规划力量比较薄弱，旅游规划水平不高，甚至未经规划就进行旅游开发，不但难以做到对资源的合理开发、优化利用，而且容易造成建设性破坏。因此，应该组织旅游行业的专家、环保部门、海岸带规划管理专家，对旅游点复杂的自然属性和社会属性进行研究和协调各方面利益的冲突，做到高水平规划团队，真正在宏观上做到旅游资源的高效开发和利用。在保护中有序开发，在开发中强化保护，建设零污染排放区，维持生境的原生性，维护生态环境系统平衡，在开发利用同时实现最大程度保护。

（2）设立高的环保准入门槛。在相关旅游项目开发建设招标时，建立高的环保准入门槛，凡投资开发建设项目均须配套建设环保设施，并且高度重视污水收集和处理，杜绝未经处理的废水直接排海。

（3）加强海洋环境监测。建设检测参数齐全的海洋环境专业检测机构，聘请优秀海洋环境监督员，定期或不定期对涉海工程建设进行全过程的跟踪监测。开通环保热线，接受市民投诉。相关环境监察部门应对破坏海洋生态环境的海上倾废、非法排污等违规事件进行严厉查处。

（二）文化保护

旅游从本质上讲是一种文化活动，本身具有继承、发展和保护文化遗产的功能。如果采用合理的开发模式，正确处理好旅游开发和文化保护的关系，而不是掠夺式或者篡改式的开发，旅游业的发展将有助于文化的保护和文化事业的发展。

（1）文化原真性保护。在文化资源转化为文化旅游产品的过程中，宗教仪式、民俗仪式和节庆活动等，经常被浓缩或过度复制，以求迎合游客的期望，从而导致文化旅游的严重商业化。所以，在疍家文化开发规划中，应在演示的文化和保留的文化之间找到一个最佳的平衡点，不仅注重对文化内涵的提炼，还应注重文化的历史延续性，这样才能彰显文化本身的个性和魅力，增强文化的旅游吸引力。

（2）文化社区保护。文化社区是疍家人的集中居住地，是他们长期共同生活，形成各种内部联系的空间条件，也是文化生成和发展的自然环境和人文历史基础。文化社区集中体现了他们的语言、风俗习惯、生产生活方式等文化要素。目前海南疍家文化保持度排名前三位的是陵水新村、文昌铺前镇和昌江新港村。保护这些社区，就是对完整疍家文化生态的保护。

（3）文化传承人保护。传承是指文化经历历史时空的延续发展，遗留后人，遗存后代。文化传承人是最重要的传承主体之一，他们把自己通过刻苦学习和摸索掌握的文化精髓或技艺等，通过言传身教，心传口授等方式一代代传承、延续和发展下去，使之后继有人，是传统文化继承和发扬的重要方式之一。通过经济激励，社会地位认同等多种方式，培养新生代疍家人对文化疍家传承的兴趣和热情，有计划地选拔、培养一代接一代的年轻传承人，让年老一代以老带新、言传身教地把自己所掌握海上生产生存作业的传统技能，咸水歌吟唱技艺等的精华传给年轻一代，让年轻一代将老一代传承人的精华承接下来，并进行再传承、再创造、再生产。

二、整合式开发

整合式开发是将整个海南岛作为一个完整的疍家文化旅游目的地来规划开发。在空间上，充分考虑岛内各疍家文化旅游资源所属地之间的错位发展，避免重复建设和替代竞争，实现岛内各所属地的联合开发。在时间上，按照开发潜力的不同评价结果，进行近、中、远不同时序的有序开发。

（1）主题开发。主题开发就是坚持每一处资源所属地都遵循特色精品原则，把握住自身的资源优劣势和特色，并且充分考虑其他所属地的替代竞争问题，将岛内不同疍家文化所属地进行定位，寻找各自的特色主题，实现海南岛内资源开发的整合共赢，做到一地一主题，一地一特色。

（2）联动开发。一方面，与其他疍家文化旅游资源所属地形成联动，实现各地之间的横向联合与发展合作。通过景点内容和形式的相互补充，丰富旅游项目，起到资源彼此带动，客源彼此分享的目的，从而扩大整个海南疍家文化的影响力及旅游开发效益。另一方面，与各个疍家文化旅游资源所属地附近的著名景区或开发区形成联动，利用附近开发区或景区的已有知名度和客源，进行嵌入式或者主题附会式开发。

（3）有序开发。岛内各疍家文化所属地应按时序进行近期、中期和远期的有序开发。近期主要进行重点开发的一级优先开发地为陵水新村港和昌江新港，二级次开发地为后海铁炉港，文昌铺前港，三亚港，三亚藤桥河口和海口海甸溪5个聚集地，最后考虑三级适时开发地崖城大疍港。进行有序开发，最终形成一批精品疍家文化旅游地，构建海南的疍家文化旅游地形象。

三、体验式开发

为给旅游者创造审美、愉悦、学习等多重体验目的，从旅游规划编制、产品设计与开发到经营管理等所有环节都要注重游客的娱乐性、参与性和体验性。

（1）疍家传统体育项目体验。疍家人在千百年来的海洋生产生活环境中锻炼出杰出的海洋生存技能，如操舟、驾船、游泳、潜水、捕捞、养殖等，应该对这些内容进行深度开发和挖掘，创新的设计游客竞技、学习、娱乐、自我实现等不同目的的体验项目。如疍家海水养殖体验，赶海体验，近海捕捞体验，远海捞钓体验，潜水、游泳、划船竞技等。

（2）疍家民俗文化体验。疍家人以海为生，形成了独特的海洋敬畏和崇拜文化。其中，祭海、嫁娶等文化对陆上居民有最强的吸引力。旅游开发中应该深度挖掘这些文化资源，并从游客体验视角进行旅游产品转化，注重游客的参与互动性设计。

（3）疍家食宿文化体验。疍家人吃海鲜，住海边，饮食和居住都有完全异于陆上居民的鲜明特色。挖掘疍家食宿文化，为一部分小众精英消费者提供独特的个性化的疍家食宿文化体验。

（4）疍家特色购物体验。疍家人的海洋作业技能高超，海鲜捕捞种类丰富，应利用体验式购物，打造疍家人海鲜生鲜的知名供应品牌。另外，疍家人的海鲜干货强调高端、新鲜、天然、无添加，在疍家特色海产品购物中，应该科学设计体验式购物环节，让游客参观或参与到海产品干货的制作流程，让他们看到现场制作的展演情景；让他们亲自看到疍家渔船归来，疍家婆在渔网里挑鱼分鱼的情景；设计一些珍珠海贝的养殖和采摘、制作体验等。

四、利益共享式开发

利益共享式开发是在旅游资源开发中，开发主体（政府、企业、社区居民）在不同开发时期，分别采用不同方式参与，三者各负其责，相互协作。通过不同的行为，最终实现开发主体共赢，资源可持续发展的一种开发模式。

（1）开发成果的利益共享。成果的利益共享一方面强调不光要注重经济成果，还要兼顾社会效益、环境效益和文化效益，实现多方共享利益成果。如开发不仅带来了经济效益，还应该综合考虑所属地疍家人的民生社会问题，所属地环境污染的生态补偿和修复问题，疍家文化开发利用中的保护和传承问题等。让这些都能在开发中受益，实现利益共享。

（2）开发过程的社区参与。文化的保护性开发，必须基于该文化族群自觉内在的意愿，而不能靠外在的强制力量来限制。因此，光靠政府主导规划，企业参与是不够的，还必须要社区疍民参与本所属地的疍家文化旅游资源的规划、开发、经营、管理和旅游服务。这样不仅更有利于营造旅游地浓郁的民俗风情，增强文化旅游产品的原汁原味性，而且更有利于促进文化旅游开发的可持续发展。因此，应该采取合理的方法和利益分配制度，来增强疍民参与疍家文化旅游开发的意愿和能力，增强他们在旅游开发和管理中的主体意识和主导地位。

小　　结

海南疍家文化旅游资源遍布全岛，不同资源所属地的资源特点不同，开发潜力不同，适用的开发模式也不同。因此，应按照不同文化资源所属地的不同开发潜力，资源特点和开发条件，提出有利于海南疍家文化整体保护、传承和利用的不同开发模式。从而更好地对区域内的疍家文化旅游资源进行整合及开发，打造海南疍家文化旅游品牌，发挥出海南疍家文化旅游的整体最佳效果。

参考文献

[1] 朱生东，章锦河，杨效忠．徽州文化旅游整体开发模式研究［J］．地域研究与开发，2010，4（2）：86~90.

[2] 吴晗，李星明，李家成，等．非物质文化遗产保护性旅游开发的“DLC”与“PA”模式探析——以长阳土家族自治县为例［J］．湖北文理学院学报，2015，11（36）：59~62.

[3] 黄宇. 海南国家级非物质文化遗产体验型旅游开发模式探讨［J］．特区经济，2015（1）：25~27.

[4] 吴必虎．区域旅游开发的 RMP 分析——以河南省洛阳市为例［J］．地理研究，2001（1）：103~110.

[5] 王钰．海南人文旅游开发的 RMP（昂谱）分析［J］．特区经济，2009（1）：152~154.

[6] 朱晗．基于 RMP 理论的非物质文化遗产及其开发研究——以山东省济南市为例［J］. 西北大学学报（哲学社会科学版），2013（2）：137~140.

[7] 欧阳正宇．丝绸之路非物质文化遗产旅游开发 RMP 分析［J］．干旱区资源与环境，2012（12）：203~208.

[8] 田菲，王淑娟，丁新军．基于 RMP 分析的唐山湾生态旅游发展对策［J］．中国商贸，2010（4）：152~153.

[9] 王佳．秦皇岛滨海地区旅游资源的 RMP 分析及其创新开发［J］．生产力研究，2008（9）：82~84.

[10] 窦开龙．后发型民族旅游地 RMIP 模式开发研究——以新疆为例［J］．甘肃社会科学，2008（2）：175~178.

[11] 鲁佳．基于旅游地主题化 RMIP 模式的浦市古镇旅游开发初探［J］．云南地理环境研究，2012（4）：44~48.

[12] 马勇．基于全产业链的我国文化旅游发展模式研究［J］．世界地理研究，2011（4）：143~148.

[13] 吴婷．喀斯特小体量民族文化旅游开发模式探析［J］．科技信息，2012（9）：5~6.

[14] 蒲玉林．新疆喀什民族文化旅游开发模式评价［J］．干旱区地理，2012（3）：509~516.

附　录

海南疍家文化旅游的游客偏好调查问卷

第一部分：基本情况调查

1. 您的性别？□男　□女
2. 您的年龄？□18 周岁以下　□18~30 周岁　□31~50 周岁　□51~65 周岁　□65 周岁以上
3. 您的学历？□初中及以下　□高中/大专　□本科　□研究生及以上
4. 您的家庭年收入水平？□8 万元以下　□8 万~15 万元　□15 万~30 万元　□30 万~100 万元　□100 万元以上
5. 您来海南的次数？□第 1 次　□第 2 次　□第 3 次　□3 次以上
6. 您对疍家人及其文化了解吗？□从来没听说，完全不了解　□只是听说，不了解　□有一点了解　□很了解

第二部分：各种可能提供的疍家文化旅游活动的文字解说和图片展示

下面是关于疍家文化在旅游各个环节中可能被开发的内容和项目，为了方便您理解和得到更客观的调查结果，本调查对相关项目做了文字解说和图片展示。

环节	旅游活动	文字解说
吃	疍家渔排	在疍家人的船上吃的海鲜自助火锅，从海里捞上来的海鲜清洗后直接放到清淡的汤锅里煮，蘸酱料吃
	疍家特色小吃	疍家糕：植物叶和米一起磨，清热解毒避暑提神； 疍家粥：新鲜海鲜和米熬制的粥（鱼粥、蟹粥、螺粥等）； 海鲜烧烤
住	海上船屋	海上船屋可以漂浮在水面上；开启发动机，船屋就可以在海面上慢慢前行
	海边疍家棚	在岸边临水搭建的，用木头、茅草、竹子等材料做的房子
购	疍家酒	以海洋里的海马、鲨鱼、鳖鱼等为主要原料，辅以米酒和名贵中草药的养生保健酒
	海产品干货	各种鱼类、贝类、螺类、虾类等海产品干货
娱	疍家传统体育	出海打鱼：可以体验疍家人在海上驾船、撒网、拖网、钓鱼等海上作业技能； 水下采珍珠：需要高超的潜水技能和冒险精神； 游泳/划龙舟
	疍家民俗文化	祭海：是疍家人为了祈福丰收和出海平安，表达对海洋的敬畏和感恩； 婚俗：摇船（花艇）放歌（咸水歌）接新人

第三部分：疍家文化旅游活动的偏好测量

请根据前面各种疍家文化旅游活动的文字解说和图片展示，给下列 8 种疍家文化旅游活动组合，根据您的偏好打分，9 分为最高分，表示非常可能选择；1 分为最低分，为完全不可能选择；5 分为一般，可能选择也可能不选择，评分区间为 1~9 分。打分可以重复。

虚拟旅游景点 1

卡片	吃	住	购	娱	得分
1	疍家渔排	海边疍家棚	疍家酒	疍家民俗文化	

虚拟旅游景点 2

卡片	吃	住	购	娱	得分
2	疍家渔排	海边疍家棚	海产品干货	疍家传统体育	

虚拟旅游景点 3

卡片	吃	住	购	娱	得分
3	疍家渔排	海上船屋	海产品干货	疍家民俗文化	

虚拟旅游景点 4

卡片	吃	住	购	娱	得分
4	疍家特色小吃	海边疍家棚	海产品干货	疍家民俗文化	

虚拟旅游景点 5

卡片	吃	住	购	娱	得分
5	疍家特色小吃	海边疍家棚	疍家酒	疍家传统体育	

虚拟旅游景点 6

卡片	吃	住	购	娱	得分
6	疍家特色小吃	海上船屋	海产品干货	疍家传统体育	

虚拟旅游景点 7

卡片	吃	住	购	娱	得分
7	疍家渔排	海上船屋	疍家酒	疍家传统体育	

虚拟旅游景点 8

卡片	吃	住	购	娱	得分
8	疍家特色小吃	海上船屋	疍家酒	疍家民俗文化	

海南疍家人的生活现状调查问卷

一、基本信息

1. 您的性别：1. 男；2. 女。
2. 您的年龄：________岁。
3. 您的文化程度：（1）完全不识字；（2）认知很少字；（3）小学；（4）初中；（5）高中；（6）技校；（7）中专；（8）大专；（9）本科及以上。
4. 您的家庭人口数：________人。
5. 您的姓氏：________。
6. 您的祖籍地：（1）广东阳江；（2）广东顺德；（3）广东南海；（4）不清楚；（5）其他地方________。
7. 您家和祖籍迁出地有过联系吗？（1）从来没有；（2）以前有，现在没有；（3）以前没有，现在有；（4）一直有。

二、生活满意度。

（一）居住条件

1. 您家的房子共________层，每层的建筑面积________平方米，每层共________间，建设（购买）了________年。
2. 家庭重要设施有：家用轿车________辆，家用电脑________台，冰箱________台，空调________台，洗衣机________台。
3. 您对家里的住房条件：（1）非常不满意；（2）不满意；（3）一般；（4）满意；（5）非常满意。
4. 您对你们社区的整体居住环境，包括水、电、交通等设施：（1）非常不满意；（2）不满意；（3）一般；（4）满意；（5）非常满意。

（二）经济状况

1. 您整个家庭一年大概收入是________万元。
2. 该收入和以前比：（1）大大变多；（2）变多；（3）没变；（4）变少；（5）大大变少。
3. 该收入和期望比：（1）远远低于您的期望；（2）低于您的期望；（3）和预期差不多；（4）超过您的期望；（5）大大超过您的期望。
4. 您家庭经济收入的主要来源是（可多选）：（1）渔业；（2）打工；（3）经商；（4）工资；（5）其他。
5. 您的家庭存款：（1）欠债；（2）无存款；（3）5万元以下；（4）5万~10万元；（5）10万~20万元；（6）20万~50万元；（7）50万元以上。

6. 在您们社区，您的家庭收入算：（1）很低；（2）较低；（3）一般；（4）较高；（5）很高。
7. 在您的亲友当中，您的家庭收入算：（1）很低；（2）较低；（3）一般；（4）较高；（5）很高。
8. 您对家庭经济状况：（1）非常不满意；（2）不满意；（3）一般；（4）满意；（5）非常满意。
9. 您家庭一年的总开支花费大概________万元。
10. 您的家庭消费：（1）很低；（2）较低；（3）一般；（4）较高；（5）很高。
11. 您家庭主要支出在什么方面？（可多选）（1）盖房或买房；（2）孩子上学；（3）日常生活；（4）人情往来；（5）医疗；（6）娱乐保健；（7）其他。
12. 您对家庭负担和压力情况：（1）非常不满意；（2）不满意；（3）一般；（4）满意；（5）非常满意。

（三）生活状况

1. 您一年的闲暇时间大约有________天。
2. 您经常参加的娱乐活动（可多选）：（1）唱歌；（2）跳舞；（3）吃糖水；（4）聊天；（5）喝茶；（6）朋友聚会；（7）麻将棋牌；（8）看电视；（9）旅游；（10）看电影；（11）看演出；（12）读书；（13）忙得没有任何娱乐。
3. 您对工作的辛苦程度：（1）非常不满意；（2）不满意；（3）一般；（4）满意；（5）非常满意。
4. 您身体有哪些隐性疾病（可多选）：（1）腰椎痛；（2）肠胃病；（3）关节炎；（4）气管炎；（5）眼结、角膜炎；（6）听力障碍；（7）损伤；（8）其他疾病；（9）没有任何疾病。
5. 您对自身健康状况：（1）非常不满意；（2）不满意；（3）一般；（4）满意；（5）非常满意。
6. 您夫妻一年吵架大概________次。
7. 夫妻吵架可能是因为（可多选或不选）：（1）用钱分歧；（2）家务分担；（3）子女问题；（4）公婆问题；（5）感情不和；（6）生活习惯差异；（7）其他。
8. 您对家庭和睦情况：（1）非常不满意；（2）不满意；（3）一般；（4）满意；（5）非常满意。
9. 您对教育感到满意吗？（1）非常不满意；（2）不满意；（3）一般；（4）

满意；（5）非常满意。

10. 您对家庭日常生活的方便程度：（1）非常不满意；（2）不满意；（3）一般；（4）满意；（5）非常满意。

11. 您对来自政府的社会保障、政策受惠等的态度：（1）非常不满意；（2）不满意；（3）一般；（4）满意；（5）非常满意。

12. 您对社会治安情况：（1）非常不满意；（2）不满意；（3）一般；（4）满意；（5）非常满意。

13. 您对环境污染及治理：（1）非常不满意；（2）不满意；（3）一般；（4）满意；（5）非常满意。

14. 您对您生活总体满意度：（1）非常不满意；（2）不满意；（3）一般；（4）满意；（5）非常满意。

15. 您认为自己属于社会上哪个阶层？（1）下层；（2）中下层；（3）中层；（4）中高层；（5）上层。

16. 您感觉您的生活：（1）比以前差了很多；（2）比以前差了一点；（3）没有变化；（4）比以前好了一点；（5）比以前好了很多。

17. 总的来说，您觉得自己：（1）很不幸福；（2）不太幸福；（3）比较幸福；（4）非常幸福。

三、工作状况

您家里有工作或劳动收入的人数是：________人。

家庭劳动成员的就业调查

问　题	家庭有收入成员的情况				
填写说明：请根据家庭有收入成员的情况来填写，如：家里有3个人在挣钱，就分别是1、2、3号成员，如果家里不止5个人在挣钱，只填5个重要的成员。在每个问题后填写或选上该成员的情况，如1号成员是做海产养殖的，就在职业类型后面填13	1号成员	2号成员	3号成员	4号成员	5号成员
职业类型： **与海有关**：11. 远海捕捞；12. 近海捕捞；13. 海产养殖；14. 海上运输；15. 水产加工；16. 水产贩卖；17. 海鲜餐饮；18. 与海有关的其他营生 **与海无关**：21. 旅游；22. 批发、零售；23. 娱乐、餐饮；24. 运输；25. 制造业；26. 建筑业；27. 房地产业；28. 教育；29. 党政机关；30. 医疗卫生；31. 金融保险业；32. 与海无关的其他工作					

续

问　题	家庭有收入成员的情况				
职业身份：1. 船主；2. 船工；3. 老板；4. 合伙人；5. 工人；6. 保安、保洁、家政、杂工；7. 文员；8. 个体；9. 自由职业					
专业技能要求：1. 需要很高专业技能；2. 半体力半技术；3. 全体力；4. 脑力					
月平均收入：填写大概一月挣多少钱（单位：元）					
单位提供哪些社会保险：1. 无保险；2. 养老保险；3. 医疗保险；4. 失业保险；5. 住房公积金					
单位提供食宿情况：1. 不提供食宿；2. 提供一般食宿；3. 提供很好食宿					
平均月休息天数：填写一个月可以休息多少天（单位：天）					
工作地方在：1. 本村（社区）；2. 本镇；3. 本县；4. 本市；5. 本省；6. 省外；7. 其他					
这份工作最大的吸引力是：1. 收入高；2. 轻松；3. 体面；4. 稳定；5. 福利好；6. 工作环境好；7. 符合兴趣爱好；8. 自由不受太多约束；9. 以上都不是					
工作目的：1. 赚钱养家；2. 挣钱养自己；3. 自己喜欢；4. 一展所长；5. 学习锻炼；6. 其他					
几岁开始工作：填实际岁数（单位：岁）					
换了多少次工作：实际几次就填数字几（单位：次）					
年龄：填实际周岁数（单位：岁）					
性别：1. 男；2. 女					
婚姻：1. 已婚；2. 未婚；3. 丧偶；4. 离异					
学历：1. 完全不识字；2. 认知很少字；3. 小学；4. 初中；5. 高中；6. 技校；7. 中专；8. 大专；9. 本科及以上					
海洋生存的具体技能会哪些：1. 深海游泳；2. 深海潜水；3. 驾小机动船；4. 驾人力船；5. 驾重吨大船；6. 织网；7. 拉网撒网；8. 深海钓；9. 深海捕捞；10. 海水养殖；11. 都不会；12. 都会（可多选）					
对海洋生存技能的掌握程度：1. 很精通；2. 较精通；3. 会点皮毛；4. 完全不会					
其他生存的具体技能会哪些：1. 开车；2. 室内装修；3. 厨师；4. 美容美发；5. 修理；6. 木工；7. 焊工；8. 其他技术；9. 都不会					
对其他生存技能的掌握程度：1. 很精通；2. 较精通；3. 会点皮毛；4. 完全不会					

四、海南国际旅游岛建设带来的生活变化及影响

类型	变 化	变化趋势（请在您认为的情况上画圈）					该变化对您的影响程度（请在您认为的情况上画圈）				
经济影响	当地经济发展水平	大大提高	提高	没有改变	降低	大大降低	很小	较小	没有	较大	很大
	就业机会	大大增多	增多	没有改变	减少	大大减少	很小	较小	没有	较大	很大
	海洋捕捞效益	大大提高	提高	没有改变	降低	大大降低	很小	较小	没有	较大	很大
	海水养殖效益	大大提高	提高	没有改变	降低	大大降低	很小	较小	没有	较大	很大
	渔业收入水平	大大提高	提高	没有改变	降低	大大降低	很小	较小	没有	较大	很大
	其他行业收入水平	大大提高	提高	没有改变	降低	大大降低	很小	较小	没有	较大	很大
	物价和生活成本	大大提高	提高	没有改变	降低	大大降低	很小	较小	没有	较大	很大
	房价和地价	大大提高	提高	没有改变	降低	大大降低	很小	较小	没有	较大	很大
	生活压力	大大提高	提高	没有改变	降低	大大降低	很小	较小	没有	较大	很大
文化影响	疍家传统文化习俗	很好保护	一定保护	没有改变	一定破坏	很大破坏	很小	较小	没有	较大	很大
	疍家人对自己传统文化的热爱和认同	大大提高	提高	没有改变	降低	大大降低	很小	较小	没有	较大	很大
	疍家人的道德水准	大大提高	提高	没有改变	降低	大大降低	很小	较小	没有	较大	很大
	疍家人的思想观念	大大进步	进步	没有改变	退步	大大退步	很小	较小	没有	较大	很大

续

类型	变化	变化趋势（请在您认为的情况上画圈）					该变化对您的影响程度（请在您认为的情况上画圈）				
环境影响	海洋、海湾及海岸	很好保护	更好保护	没有改变	一定污染	很大污染	很小	较小	没有	较大	很大
	社会治安	很大改善	一定改善	没有改变	一定恶化	大大恶化	很小	较小	没有	较大	很大
	生活社区	很安静秩序	安静秩序	没有改变	嘈杂拥挤	很嘈杂拥挤	很小	较小	没有	较大	很大
	公共基础设施	很大改善	一定改善	没有改变	一定恶化	大大恶化	很小	较小	没有	较大	很大
整体	整体生活状态	很大改善	一定改善	没有改变	一定恶化	大大恶化	很小	较小	没有	较大	很大

1. 对于捕捞产量逐渐下降问题，海水养殖效益下降和风险增加问题，多数人采取的应对办法是（可多选）：（1）放弃渔业捕捞；（2）卖掉自己的渔船去给别人当船工；（3）放弃海上养殖；（4）减少养殖规模；（5）维持原状；（6）买大船进行深海捕捞；（7）提高养殖技术；（8）寻找新的养殖海域；（9）养殖新品种；（10）扩大养殖规模和丰富养殖品种；（11）其他。
2. 应对后的多数结果是：（1）大不如从前；（2）略不如从前；（3）没有太大变化；（4）略有好转；（5）大大好转；（6）不好说。
3. 在生活习惯和风俗上，您们有哪些变化：（1）烧香拜神的次数减少；（2）婚嫁礼节变化；（3）社区大型传统文化活动如游神、祭海等减少；（4）自由恋爱增多；（5）与非疍家人结婚成家的情况增加；（6）和各种人打交道增多；（7）和其他非疍家人之间的界线淡化很多。
4. 对于传统生活习惯和风俗的改变，觉得：（1）很不适应；（2）较不适应；（3）一般；（4）较适应；（5）很适应。
5. 您愿意与其他非疍家人（可多选或不选）：（1）聊天；（2）一起工作；（3）成为邻居；（4）成为亲密朋友；（5）结为亲家。
6. 您感觉其他非疍家人对您们（可多选）：（1）排斥；（2）歧视；（3）反感；（4）不友好；（5）亲近；（6）尊重；（7）友善；（8）说不清。

7. 您或家人、亲戚等是否有人在旅游相关行业从业：（1）有；（2）无。
8. 国际旅游岛建设给当地居家人带来的好处多：（1）非常赞同；（2）赞同；（3）说不清；（4）不赞同；（5）非常不赞同。
9. 是否愿意支持海南国际旅游岛建设与开发：（1）非常愿意；（2）愿意；（3）说不清；（4）不愿意；（5）非常不愿意。
10. 是否愿意为海南国际旅游岛建设贡献一份自己的力量：（1）非常愿意；（2）愿意；（3）说不清；（4）不愿意；（5）非常不愿意。
11. 下面的问题，对您而言重要程度如何，请排序。

（1）有高收入；（2）子女成才；（3）生活很有乐趣；（4）夫妻和谐；（5）有成就感；（6）家人健康。

举例说明：如果您认为子女成才最重要，家人健康第二，其他依次是有高收入，生活有乐趣，夫妻和谐，有成就感，那么排序就是（2）（6）（1）（3）（4）（5）。您的排序是______________________________。